Ojalá te puedas morir de amor

Joice Peel

Te prometo que no todos los trenes tienen mal destino.

DEDICATORIA

Estos escritos los escribí con la intención de superar mis rupturas amorosas, sin imaginarme que más tarde se convertiría en un libro. Por eso, esta dedicatoria es para ti desconocido que me lees desde hace algunos años cuando publicaba mis frases en redes sociales. Tú que buscas desesperadamente sanar y poder amar de nuevo sin miedos, espero te encuentres a través de mis sentimientos traducidos en letras y sepas que no estás solo durante este proceso, yo estoy contigo desde la distancia.

ETAPAS DEL DUELO

AGRADECIMIENTOS

Pasé casi cuatro años ordenando las páginas de este libro, anotando cada diciembre en mis propósitos de año nuevo terminar esta publicación. Postergando, dando vueltas e iniciando nuevamente un ciclo vicioso sin poder llegar a la meta, hasta que la vida me hizo sentir increíblemente incomoda y perdida que no me quedó más remedio que acabar este proyecto y hacerlo realidad o quedarme soñando toda la vida cómo hubiese sido el mundo entero con mis letras. Por eso, agradezco al tiempo, es perfecto. Agradezco a Dios por haberme regalado el don de escribir, todo lo que soy es gracias a él. Muchas gracias a la vida por su paciencia y prepararme para hacer esta publicación en el tiempo indicado. Agradezco todas las experiencias que he vivido y no me arrepiento de ninguna, sin ellas no existiría este libro. Agradezco al dolor que sentí en esos momentos y se transformó en arte. Gracias a todos mis amores/amantes por entrar a mi vida y brindarme esta maravillosa inspiración, sin ustedes nunca hubiese pasado por la catarsis más importante de mi vida. Gracias a todas absolutamente a todas las personas que creyeron en mi cuando les conté acerca de este proyecto, a mis lectores por leerme y pedirme desde la distancia escribir un libro, ¡se hizo finalmente realidad! Esto es gracias a ustedes. También, me quiero agradecer a mí misma como un acto de amor propio por no haberme quedado en la conformidad y armarme de valor a pesar de los miedos que enfrenté durante esta faceta. Sobre todo, agradezco al amor, la fuerza más poderosa del universo porque gracias a ella tengo esta historia atrapada en páginas para contar.

PRÓLOGO

El título de este libro estuvo dando vueltas en mi cabeza durante muchos años. Todavía no sé si lo que escribo es poesía, pero en este libro encontrarán mis pensamientos plasmados en letras, escritos originalmente desde un ordenador, notas de teléfono y post-it de colores con el fin de desahogarme para sanar mi corazón roto. Este libro no fue redactado en horas específicas, yo no me sentaba todos los días a las 9:00 p.m. en un cuarto oscuro repleto de velas con música instrumental y un cartel de no molestar por detrás de la puerta, porque si lo hacía no salía nada al folio. Yo escribía a cualquiera hora del día: durante el trabajo, en el transporte, antes de comer, cuando no podía dormir, en la madrugada, al levantarme, después de llorar y durante. Esta autoterapia que decidí publicar al mundo está basada en mis relaciones afectivas personales, escritos desde la vulnerabilidad y transparencia. Este libro inicia desde la faceta más bonita y efímera de una relación, el «Enamoramiento» y termina en un autodescubrimiento hacia el camino del amor propio. En la mayoría del contenido, notaremos que se vive una lucha interna a raíz de la ruptura afectiva que por ende desencadena un duelo amoroso donde se experimenta sentimientos de desilusión, odio, rencor y tristeza, que, de acuerdo con la psicología, este podría (dependiendo de la persona) ser el orden en el que se lleva a cabo cada ciclo.

La idea de dividirlo en etapas casi como si fueran capítulos me pareció tan real, porque cada faceta es una loca etapa que forma parte del luto, en realidad estamos perdiendo sentimentalmente a una persona que sigue viva y tenemos que terminar de escribir la historia, aceptarlo y cerrar el capítulo. En los escritos encontraremos conductas destructivas como: la dependencia emocional, manipulación y obsesión que una vez identificadas se comienzan a trabajar desde la soledad para abandonarlas. En todo este proceso nos comenzamos a autodescubrir y finalmente aprendemos de lo que nunca nadie nos educó, el amor propio. Comúnmente, si crecemos en un ambiente donde no hubo un rol de pareja que admirar, donde nadie nos habló del amor y mucho menos nos lo demostró vamos a ir por el mundo robando el amor propio de todos para llenar nuestros vacíos y si no tenemos quien nos guíe o por el contrario hacemos caso omiso a los consejos, con una venda entre los ojos y las manos en las orejas nos vamos a ahogar y sin querer nos llevaremos a otras personas con nosotros.

La etapa de «Aceptación» es mi favorita, porque es la que está en medio de todo, no es fácil llegar a ella, pero una vez llegas sabes que estás a punto de liberarte. Para mí, vivir esta etapa fue como desnudarme emocionalmente porque encontré a alguien roto dentro de mí que necesitaba reparación, de pronto esa ansiedad de necesitar al otro es reemplazada por la necesidad de encontrarme a mí misma. Entonces, me di cuenta de que los tóxicos de la película no siempre son los demás, a veces puedo ser yo y aceptarlo requirió despedirme del ego, dejar de jugar a la víctima y convertirme en la responsable de mi propia vida. Empecé a escarbar dentro mí y allí comenzó la toma de conciencia, el hallazgo de patrones de conductas, la vergüenza, la falta de autoestima, los traumas y entendí que mi proyección no era sana y por eso atraía a las personas equivocadas, había mucho en que trabajar. Finalmente, la etapa de la transición, «Renacimiento», esta etapa requiere haber digerido todas las demás y aquí aprendemos a desaprender lo que nos enseñaron como "normal" y no está bien, a romper tabúes y a ver el arte de despedirse de lo que nos hace daño como parte de la vida y un acto de respeto y amor propio. Aquí hacemos las paces con nuestra soledad, recuperamos nuestra paz, volvemos a nacer y a reinventarnos como una nueva versión de nosotros mismos. Le tengo mucho cariño a esta etapa porque en ella entendí que el amor no solamente se encuentra en una relación afectiva. El amor está presente todos los días en mi mascota, los amigos, la familia, el trabajo, en lo que hago, en lo que soy y, sobre todo está dentro de mí. Que también me puedo enamorar de la vida, ciudades, paisajes, personas, momentos, de la música, de las letras, las risas, los sabores, poemas, personajes, de las fantasías, historias, miradas, gestos, emociones, que me puedo enamorar de mí. Que el amor no solo se siente, también se piensa y allí está el perfecto balance. En lo personal, no creo que el amor sea tan doloroso como lo pintan las canciones ni tan surreal como lo muestran en las películas. El amor existe y no debe doler inútilmente, no flota entre celos enfermizos y es reciproco.

Y ahora sí, sin la ayuda de ninguna editorial, con muy poco presupuesto y con mucho cariño les presento: "Ojalá te puedas morir de amor". Que puedan cumplir cada una de estas etapas y renacer finalmente del dolor para encontrar el perfecto equilibrio; ni muy fríos para no volver a arriesgarse a amar otra vez, ni muy heridos para sangrar en las personas equivocadas, ni muy rotos para pensar que el amor nunca los encontrará. Para que logres amarte antes de comenzar a amar, ojalá te puedas morir de amor.

INTRODUCCIÓN

Y el día de hoy, aunque sienta que este dolor durará por un buen rato, quizás 3 días, quizás 3 semanas o tal vez el tiempo que nos llevamos conociendo 6 meses, no durará tanto. Recuerdo cuando tuve la fortaleza de casi olvidarte, cuando tuve las agallas para decirte que no quería verte más ni sentirte más, sin dolor alguno, sin jactarme, completamente convencida. Ese momento de poder dar un paso hacia adelante sin arrepentirme, sin sentir que dejaba algo importante atrás y, sin embargo, mírame ahora. Lo que pasó fue que me deje llevar por la locura de lo que hacíamos, porque lo que hacíamos era realmente una completa locura y estábamos tan involucrados en ello que me rompió en todos los sentidos. Lo hice con la mente fría, totalmente segura de que sólo era algo pasajero. Tardé en darme cuenta de que me había enganchado y estaba enamorada de esto que hacíamos. De nuestro ambiente, del aire que nos atrapó, de tu piel y tu olor particular que jamás olvidaré, de tus dedos largos que recorrían mi piel, de tu cabello rizado, de tus abrazos protectores, de tus besos en mi boca, cuello, pecho y estómago, de nuestras conversaciones en la madrugada, de nuestras miradas prohibidas, de nuestras risas, ¡nuestras increíbles risas! Y de ese cosquilleo absurdo que sentía con solo rozar nuestros dedos. De las canciones que escuchamos juntos, de las que me aprendí gracias a ti y ahora me recuerdan a ti, de los lugares a donde fuimos, aunque fueron muy pocos y de los que nunca fuimos, pero siguen planeados en mi mente, de las palabras que dijimos y de cosas que nunca existieron y otras que sí, de tus intentos por verme a escondidas y de mis intentos por aceptarlo, y, ahora... mientras me agarro la cabeza y siento dolor, frustración, desesperación e impotencia, suelto todos estos sentimientos en forma de suspiro. ¿Cómo se supone que debo decirte adiós? Cómo pondré en práctica aquella frase: "algún día lo olvidarás" cuando, ¡lo que menos quiero es olvidarme de ti! Entiendo que no podamos estar juntos, quiero darte mi amor en una forma genuinamente amistosa, pero ¿qué pasa cuando vuelvo a pensar en ti de otra forma? No es porque no quiero que seas de nadie más, es solo que quiero darte todo de mí, porque de alguna manera inconscientemente te elegí, en el fondo te he guardado y esa es la razón por la que te dejé ir, entendía que estábamos mejor sin ambos, pero aún sigo aquí presente tratando de demostrarte que estoy bien y de que me va genial sin ti.

ETAPA 1

ENAMORAMIENTO

"Debería ser prohibido hacer química
con alguien en tan poco tiempo."

Y si te me acercas en un bar, tenemos una buena charla con risas, mimos, guiños y me llega a gustar, no sabré cómo reaccionar.

Lo más probable es que espere que mañana no tengas programado un vuelo para regresar a tu país, o que tengas pareja y planees un aventura conmigo por algunos meses, o lo más absurdo, que tenga que gustarle a tu familia primero para estar contigo.

Lo más probable es que espero que no seas tan efímero como mi amor de los 12 años, ni tan tóxico como el de los 19, espero no romper tu corazón si ya no te quiero o espero que tú no rompas el mío por enésima vez.

Espero que no seas el machista número 6 que me espera sumisa a sus pies, no todas las mujeres que salimos a un bar de noche somos tan vulnerables.

Espero que no me muestres una lista de tu chica perfecta y me quieras encajar en ella porque cariño, no podrás cambiarme.

Espero que estés a 6 meses o un año de haber terminado tu última relación y también espero que de pronto no aparezca tu ex y quieras volver con ella.

Espero no figurar en esto ser tu clavo más grande solo porque tienes uno muy pequeño pero fastidioso enterrado dentro de ti.

Espero que si alguna vez decides dejarme tengas el coraje de hacerlo decentemente y no en una estación de tren a un minuto de desaparecer para siempre o en la esquina de un hotel mientras llueve.

Espero no ser la número 5 con la que intentas hablar esta noche solo porque con las demás no te funcionó.

Solo espero que el chico que se me está acercando en este momento no tenga un parecido a mis demás exes y me muestre una caja de sorpresas diferente, esta vez quizás un poco más atractiva.

Alguien a quien
se pueda besar sin miedos,
alguien con quien
podamos ser sinceros.
Que nos acompañe cuando
el camino se ponga difícil.
Que nos ame como somos
y que no huya,
que no corra,
que no se esconda.
Alguien así,
que se quede a nuestro lado.

Amor verdadero *18 de enero de 2017*

Lo que sucedió fue que dejé de sentirme atraída por él.
Ya no se me erizaba la piel,
me dejó de gustar físicamente,
ya no ocupaba en mí mariposas.

Ahora soportaba sus defectos,
me hacía falta,
pensaba en él a diario,
sentía lo que él sentía,
y luego, lo perdoné por más que me hizo pedazos.

Querido amor imposible:
¿También se te puede amar? ¿Por cuánto tiempo?
Dicen que es mejor olvidarte.
Lo intenté y estuve segura de haberlo logrado,
pero nos engañamos al pensar que las personas olvidan lo
que aman.

Para los demás, antes y ahora serás un imposible.
¡Que digan lo que digan! ¡Que piensen lo que quieran!
para mí siempre serás lo posible dentro de mi corazón.

Creo, finalmente, que es amor y de eso no me puedo rendir
fácilmente.

P.D. El tiempo nos demuestra que nos merecemos y nos
sigue sumando razones para estar juntos.

Alguien que te tome de la mano y te diga:

"No quiero que esto sea temporal."

Me miraste por más de 5 segundos mientras bailaba y me llamaste "alma libre", te miré por más de 10 y ya me sentía cómoda. Ya no suelo querer a nadie, pero cada vez que quiero enamorarme otra vez, apunto a ese recuerdo.

Te robé un beso inundada
de miedos en vez
de mariposas.

Han sido demasiadas las despedidas que ya lo entendí.
Que hay personas que cumplen un breve papel en la vida.
Que hay cosas que simplemente no llegan a ser, pero espero
que seas tú quien me demuestre que algunas cosas sí serán,
que llegar muchas veces es **para quedarse.**

Puedo amarte sin que estés conmigo

Puedo amarte por quién eres.
Porque le tienes pasión a cada cosa que haces,
porque crees en ti, escuchas tu voz,
miras tus defectos e intentas mejorar.
Porque no te das por vencido,
dedicas a quererte y te perdonas,
no negocias tus valores,
respetas tus límites,
sabes soltar y amas vivir.

Por eso puedo amarte,
aunque no tengas nada que ver conmigo,
aunque seamos solo **dos simples desconocidos.**

Dime que sentiste lo mismo cuando tocaste mi mano.

Parte de mi
mal humor
radica en que
¡no has notado
cuánto me gustas!

Tu amor es como la vida

Porque si alguien dijera que la vida va bien y todo es perfecto yo diría que miente con la mano alzada. Diría que la vida es sucia, es interminablemente jodida, injusta y para algunos se esfuma como el humo. Pero luego bajaría la mano al pecho y diría que, a pesar de eso, la vida es hermosa y se puede ser feliz, que prefiero estar viva y recorrer mil años así a perderme toda la emoción que da vivirla.

Tú eres como la vida, no eres perfecto ni lo serás, pero prefiero quedarme contigo para complicarme, ser feliz, volver a complicarme y volver a ser feliz.

Amo tanto estar viva — en la vida — como amo estar contigo — a tu lado.

Prométeme que no hay promesas,
demuéstrame que lograrás y fallarás.

Prométeme no ilusiones,
porque eres capaz de amar y de odiar.

Prométeme que no habrá expectativas,
quiero ver como cambias.

Prométeme que eres un ser humano,
voy a amarte exactamente como eres.

No solamente te doy señales de vida,
te doy señales de que me gustas.

Guiñarme el ojo,
besarme la mano,
hablarme más bajo,
decirme te amo.

Suerte

Suerte es decir te amo y escucharlo de vuelta.
Suerte es apretar tu mano y saber que no estoy sola.
Suerte es que no me necesites, pero aun así me elijas.
Suerte es compartir el inicio y llegar hasta final juntos.

Risas

Dicen que un hombre puede enamorar
a una mujer haciéndola reír,
y tú me hiciste reír de
muchas maneras.

Sensaciones enigmas

Me hizo recordar algo extraño.
No eran cosquillas, ni mariposas.
Tampoco se me hizo la piel de gallina.
Él tomó mi mano y me hizo sentir algo
tan extraño como la misma situación.

Cafuné

La diferencia entre esa noche y otras
fue que él me dio un beso en público,
pero más que besarme en los labios,
él me besó en la frente acariciando
mi pelo y eso lo demostró todo.

(Cafuné: Pasar los dedos cariñosamente por el pelo de la
persona amada.)

Amorío de niños

Iba montada en tu espalda riendo como loca
y tú también, supongo que aparte de ser
amantes podemos actuar como niños.

Ya te lo he dicho,
que te amo en mi mente
porque da menos miedo que
decírtelo mirándote a los ojos.

Amor de verano

Fuiste mi amor de vacaciones y verano
que hace que no quiera volver
al invierno ni a la rutina.

4:35 a.m.

Estuve segura de haberlo olvidado a usted
y a todos sus recuerdos, pero me engañé,
las personas nunca olvidan lo que aman.

"Tú eres una persona muy importante en mi vida.
Te has convertido en algo importante porque me has
enseñado cosas que desconocía, porque has cambiado mi
manera de pensar. No te vayas nunca de mi vida, así me
convierta en el próximo Pablo Escobar."

A.H - 2017

Te amo con todo lo que es mío:

Con mis fuerzas, con mi alma, con mi voz y no sé cómo podría amarte menos, aunque quisiera, pues mi amor por ti superó mis sentidos, estropeó mis latidos y husmeó hasta mis sueños donde soñé que tú también soñaste conmigo y juntos contamos las estrellas por siempre.

Te amo como si la vida viene, pero no va, como si el tiempo jamás corriera y los segundos fueran eternos, como si no me molestara el calor del verano ni el frío del invierno, porque tú eras la estación perfecta. Como si no hubiese un después ni un antes, sólo el presente donde seguimos enamorados el uno del otro.

Te amo en cada "no me dejes" porque no te dejaría, no te cambiaría, no me aburriría, no renunciaría a ti.
Te amo en cada "quédate a mi lado" donde no necesité que me taparas cuando hizo frío pues cada momento junto a ti lo hacías cálido.

Te amo y así lo quise, porque elegí amarte a ti aun cuando sé que sólo en mis sueños podría hacerlo para siempre.

Cariño,
no importa si mañana esta cama quedara vacía,
lo único que importa es que no juegues a perderme,
porque te dejaría ganar.

A una cama vacía estoy acostumbrada de toda la vida,
no importa si te marchas de ella hoy,
pero no juegues a perderme,
no te arriesgues,
porque sin esfuerzos te dejaría ganar,
dejándote sin más partidas para jugar por si deseas volver,
sin otros chances,
no me importaría soltarte.

Si te atreves, seamos la envidia del amor
y demostremos que podemos ser eternos,
que lo efímero es solo una palabra más en el
diccionario que no tiene nada que ver con nosotros.

Esta es la mejor parte,
cuando ya no debo soñarte más,
ni rogar por ti a Dios ni al universo,
porque tú eres más presente que futuro
y más realidad que esperanza.

Tuve miedo de perderte, francamente debo admitirlo.
Aunque sepa vivir por mí, tuve miedo de perderte.
Aunque no te necesite, tuve miedo de perderte.
Aunque sé que me amas, tuve miedo de perderte.
Aunque pensé en terminar, tuve miedo de perderte.
Aunque sea nuestro inicio, tuve miedo de perderte.
Aunque puede que haya un final, tuve miedo de perderte.

Aunque sepa vivir sin ti hoy y mañana.
Aunque algún día te llegue a olvidar.
Aunque los días pasen sin nosotros.
Aunque mañana ya no duela.
Aunque no seas el último pez en el mar,
tuve miedo de perderte.

Y hoy que lo arreglamos,
aun así, tuve miedo de perderte.

Aunque no terminamos.
Aunque quedó en el pasado,
sigo teniendo miedo de perderte.

Porque, aunque no fueses mío.
Aunque después de ti continúe la vida,
será difícil dejar de amarte como lo hago ahora.

ETAPA 2

DESILUSION

"Debería tirarme un tiro cada vez que me haga ilusiones."

Había una hermosa flor.
La viste, la tomaste, la oliste, la disfrutaste un par de días.
No la regaste, no la cuidaste y finalmente la tiraste.

Dicen que el amor todo lo cura,
pero seguimos insistiendo en llamar
amor a aquello que nos destruye.

Él era igual que tú.
Solía enamorarse profundamente,
pero nunca fue de ti.

Te entiendo. Entiendo que ya no me ames. Entiendo que pienses que ya no soy la misma de antes (Aunque lo sigo siendo). Entiendo que después de todo lo que teníamos por delante quieras marcharte. No, ¿Sabes qué? Realmente te estoy mintiendo. La verdad no entiendo nada, pero esta es la parte donde se supone que debo entender todo y dejarte ir. Por eso, te pido que no vuelvas, entiende que yo sí todavía te amo y ahora es mi turno de encontrar razones para dejar de hacerlo (Aunque todavía no haya encontrado una).

Me enamoré.
No sé si de nuestros besos
o de tus labios,
si de nosotros
o del momento,
si de ti
o de esa noche.

¿Qué nos pasó?
¿Cómo llegamos a querernos tanto
para luego dejar de querernos?
¿Cómo llegamos a ser la persona favorita
de cada uno para luego quedar como extraños?
¿Por qué llegamos a nuestras vidas para luego irnos?
¿Qué sentido tiene?

Y si no dices nada,
puedo imaginarme mucho.

Menos mal no conocí tus secretos,
las cosas que te gustan y te disgustan,
tus cosas favoritas,
lo que odias,
lo que te hace sentir triste,
tus sueños.
Menos mal no me enganché más a ti.

No sé cómo besar ayer
y olvidar lo que pasó
mañana.

Apretarte la mano,
en vez de abrazarte.
Saludarte,
en vez de besarte.
Distanciarnos,
en vez de estrecharnos.

Me dices que no quieres
que me vaya nunca de tu vida
y de pronto, así sin más,
me dejas ir.

A esta edad no estoy
para enamorarme
y *que duela*.

Creí

Eso que creí cerca, estuvo siempre tan lejos.
Eso que creí caliente, estuvo siempre frío.
Eso que creí sostener mientras me soltaba,
jamás lo sostuve en realidad.
Lo sostuve en mi mente donde empezó todo,
donde creí que hubiese algún inicio, pero ni siquiera hubo.
Allí en mi mente, donde por primera vez creé un final de
algo que nunca tuvo un comienzo y creí que funcionaría.
Creí, pero
¿Cómo puede funcionar algo mientras se desmorona?
Por eso creí alguna vez haber amado junto a ti mientras yo
me desmoronaba y tú veías, sin hacer nada.

Creí. Creí muchas veces, por ejemplo;
eso que creí que fueran cartas,
pero tu ni siquiera escribes.
Eso que creí que fueron palabras
y solo resultaron ser silencios.
Sin contar los besos que creí darnos,
los abrazos que creí eternos,
los lugares que creí haber conocido por ti
y miles de "lo siento" que creí que sentías.
Miles de "te quiero" que creí por mucho tiempo mientras
quisiste a otra persona.
Miles de "acércate" que creí sinceros,
y miles de "aléjate" que creí que no mencionarías jamás.

Todo el tiempo solo creí
que tú,
que yo,
que esto,
fuera algo,
fuese algo
y hasta ahora,
sé que mi error no fue creer
esto,
ni aquello,
ni lo que tu empezaste.
Hasta ahora,
no creo que el error
tampoco fuera el quererte.
Yo estuve bien,
yo estuve dando amor.
El error fue darle algo tan grande a la persona incorrecta.

Hoy,
solo conservo de ti cartas que te escribí por mucho tiempo,
que aún las tengo,
qué aún no recibes,
porque nunca las leerás,
porque nunca te las daré,
porque fueron hechas a lágrimas
que no mereces ver,
tocar,
ni recibir,
nunca, jamás.

Tú y yo jamás miramos la vida
desde las mismas pestañas.
Mientras yo me imaginaba contigo,
tú ya te imaginabas sin mí.

Te mereces a alguien que te ame,
sé que lo sabes,
pero estás enamorada de alguien que no lo hace,
lo sé.

No merezco recordarte entre cada persona nueva que conozco

Con los días te he ido detestando más y más por aparecer en cada rostro que me dedico a conocer, por estar presente en cada cita y escuchar tu voz cuando algo hace mal.

Porque hoy en día cada que me enamoro apareces para recordarme que no eres tú, que éstas no son nuestras sábanas y que esas no son tus manos.

Porque me consuelas como sabes hacerlo cuando me ilusiono hasta el punto de estrellarme y con tu voz me recuerdas que no hay con quien compararte.

Te pido que te vayas con lágrimas, pero te quedas más, te pido que me ayudes a superarlo, pero me muestras el lugar donde ayer nos aferramos y terminas convenciéndome que no es casualidad recordarte entre cada persona nueva que conozco, que existe una razón por la que siempre termino mal en cada intento de enamorarme y empezar de nuevo.

Todavía me falta extrañarte, todavía me falta soltarte, todavía debo dejar de amarte. Estoy enferma, no merezco esto, pero tal vez la realidad es que ninguno es igual a ti.

Quizá perdimos mal y debemos regresar, o quizás no, porque tu estas bien entre cada persona nueva que conoces y esa razón es suficiente para que lo nuestro se declare totalmente roto.

Cada vez que pasas cerca de mí,
se me rompe un poco más el corazón.

Yo lo miraba a los ojos
sin esperanza que
me brindara un futuro,
porque sabía que lo único
que podría brindarme sería
este presente,
una cama
y sus besos.

Él me dijo lo orgulloso que se sentía de tenerme.
Yo en mi mente sabía que algún día se sentiría
liberado de perderme,
y así fue.

Esta soy yo

Esta soy yo,
en mil formas,
en mil maneras,
en todos los colores,
en diferentes mundos.

¿Me ves?
Estoy justo frente a ti,
expuesta,
desnuda
por dentro
y por fuera.
Sin miedos,
mi confianza la sigo depositando en ti
aunque la hayas lastimado más de una vez.
Sin arrepentimientos,
te convertiré de rojo carmesí a blanco como la nieve.
Sin odio,
porque te amo más que eso.

Esta soy yo haciéndote el amor,
porque de sexo no sé, sólo sé de amor.

Gracias por tu piel, no es perfecta,
pero me brinda lo que necesito, calor.

Se llama amor porque te miro a los ojos,
tiernos ojos en los que varias veces me
he perdido soñando una vida contigo.

Cariño es cuando tus manos con dedos largos rozan mi
pelo mientras me das un beso en la frente,
y al encajar dentro de tu pecho dejo de ser yo y me despido
de mi por un instante.

Esta soy yo y mis lágrimas,
tú las decoras con tu respiro
y de repente se notan atractivas.
Las callas por un momento para que sonrían,
se esconden de tu presencia,
y cuando ya no estás,
cuentan que su motivo eres tú.

Esta soy yo rogando que te quedes.
Hoy que te quedes en mi cama
y mañana que te quedes en mi vida.

Esta soy yo echándote de menos.

Esta soy yo necesitándote ahora que no estás.

Esta soy yo otra vez escribiendo de ti.

Bajo la misma luna

Estamos unidos
bajo la misma luna.
Ella nos persigue,
ella nos observa,
ella nos aclama
y, aun así,
seguimos siendo dos extraños
con solo una luna en común.

Sé que nunca sentimos lo mismo
porque al despedirnos
yo volteaba a verte
por última vez
mientras tú
seguías tu
camino.

La primera vez lo miras
por las cosas que te gustan,
la segunda por lo que
te *demuestra*.

De pronto se convirtió en uno más.
Uno más al que besé,
uno más al que me entregué,
uno más al que amé
y uno más que se fue.

No recuerdo nuestro último beso,
ni la última vez que nos agarramos de las manos
y apenas recuerdo tu rostro tan cerca del mío.
Eso es porque nunca esperé que
la última vez fuese la última vez,
siempre esperé que hubiera más.

Querido corazón:

Deja de <u>importar</u> tan rápido,
de <u>latir</u> tan rápido
y de <u>romperte</u> tan deprisa.

Necesito algo diferente a:

1. Malas compañías.
2. Corazones rotos.
3. Despedidas.

Cuéntame de ti

- He vivido un poco.
- *¿Eso es todo?*
- Me he enamorado un poco, he sufrido un poco, he amado un poco, me han roto un poco, he sido feliz un poco, me he emborrachado un poco, la he fregado un poco. Pues, que he vivido un poco.

El mundo avanza rápidamente,
dejando atrás lo que ahora son sólo recuerdos
y proponiendo nuevos caminos para escoger.

Y veo como pasa el tiempo,
porque va más lento cuando sufro
y más rápido cuando estoy feliz.

Veo a la gente caminar,
algunos unidos de las manos,
otros con las manos escondidas en los bolsillos
de los pantalones por no tener a quien sostener.

Veo rostros preocupados por un
pasado que no se puede devolver
y un futuro lleno de nubarrones
porque sienten su presente eternamente doloroso.

Veo corazones sin sueños ni esperanzas,
vagan para que alguien los tome porque se han rendido,
no saben que la verdadera felicidad empieza por si mismos
y no por otra persona.

Veo innumerables oportunidades desperdiciadas
por mentes inseguras, mientras que otros las
anhelan porque nunca tuvieron una.

Veo bodas llenas de ilusión
y divorcios llenos de engaños.

Veo gente que sabe amar,
pero no son correspondidos
y gente que solo sabe herir
porque llevan cicatrices.

Veo sonrisas con historias difíciles de entender.
Veo vidas conformistas
incapaces de aceptar un nuevo reto.

Veo que la honestidad pasó su curso
y la mentira predomina hasta en almas inocentes.

Veo hijos no deseados y familias destrozadas.

Veo a los animales, ancianos y niños como los
más indefensos y vulnerables en el mundo,
no pueden defenderse.

Veo la tierra cada vez más dañada por la prepotencia
humana.

Veo tantas cosas…
y la vida me parece emocionante,
pero injusta.

Hay personas que te darán luz
para luego volverte oscuridad.

Nos quedamos esperando en la vida
a que el otro reaccione primero que nosotros
y así nos quedamos por hacer o decir muchas cosas.

Solía pensar que si le daba a alguien todo mi amor se iba a dar cuenta de mi valor, pero esta sociedad es todo lo contrario, entre más das, menos recibes y entre menos das, más interesante serás. La teoría de repartir pedazos de mi a ver si caía en las manos correctas solo funcionó en mi mundo inocente. En este mundo el amor parece ser que no es algo que se siente, sino que se piensa, porque sintiendo te enamoras solo y pensando te cuidas un poco más. Entre más joven, más te enamoras y entre más viejo, más ocasional te vuelves, porque te va mejor así, sin nadie que entre y haga estragos dentro de ti. Alguien una vez me dijo que nunca cambie, pero estoy a punto de hacerlo, de volverme piedra por un momento porque a estas alturas ya me da vergüenza llorar por uno más que se fue, que no pudo o que no será. El amor no es para cobardes sino para valientes y yo he sido valiente para quien solo ha sido cobarde. El punto es que hoy en día hay más interés en el sexo que en el amor y eso es deprimente para una romántica empedernida como yo. Prometí nunca cambiar porque personas como yo no se encuentran en un bar a las 12 de la medianoche, pero esto ya no se trata de regalar el oro que hay en ti para ver quien lo ve brillar, hay que guardar, siempre guardar y no quiero decir que ya no tenga sentimientos, pero en el minuto en que me hallo completa sin nadie, bailare como una loca hasta que quien me encuentre me regale, aunque sea un pedazo de él.

He pasado una gran parte de mi vida ciega pensando que quien era amor lo seguiría siendo ahora. Demostrando lealtad a un par de amigos que ya no están. Teniendo fe en cosas que ni siquiera existen. Es raro, todo cambio, hasta la manera en la que me siento.

Que me encuentre
la persona que me mire
como algo más que otra piel
y que me admire por mi mente
y no por mis selfis.

El problema es que
pensamos que cada persona
que conocemos es
excepcional.

Nos despedimos como si dentro de cada adiós
hubiese intenciones de un *reencuentro*.

Y si volviéramos, no podría empezar de cero. Sé muy bien que eres la misma persona que una vez me amó, me lastimó y me dejó y no hay manera de volver a conocerte de nuevo, ni pretender que nunca me heriste, pero puedo perdonar todo y darte una segunda oportunidad, un nuevo comienzo y otro presente sin negar lo que una vez fuimos e intentando ser juntos algo mejor.

Me gustabas,
te extrañaba
y te buscaba.
Me empezaste a importar,
el problema es que no era mutuo
y por eso me fui.

La última vez

Sabía que esa vez sería la última vez para nosotros, supongo que eso se siente, cuando sabes que no volverás a ver a alguien más. Recuerdas todo a tu alrededor como si tuvieras que hacerlo porque el momento volará de tus manos como un pájaro y no regresará nunca más. El frio o el calor, el día o la noche, la esquina, los carros, la gente. Estás preparado, estás consiente, lo miras a los ojos y ¡Dios! recuerdas esa mirada persiguiéndote el resto de tu vida, el escalofrío que se cuela entre tus venas, las miles de lágrimas que recorren dentro de ti y las pocas que salen de tus ojos. No puedes decir adiós, te preguntas si esta será la última vez que se verán, quisieras una segunda oportunidad, deseas tanto volver al tiempo. No lo puedes creer, pero así se sienten las despedidas, no hay besos, no hay abrazos ni caricias, hay una enorme línea que los divide y no puedes acercarte, todo radica en tus ojos y en los ojos de la persona que ves, que allí se esconden las palabras que no saldrán jamás.

Se quedaron conmigo los regalos que compré,
pero jamás di para recordarme lo tonta que fui
por enamorarme demasiado rápido.

Me cansé de buscar el amor
en gente que lo ha perdido.

Lo sé por experiencia que las personas que más significaron algo en mi vida son las que terminan convirtiéndose en extraños y ya no sé si ellos son el problema o soy yo.

El amor no se rompe,
las personas lo hacen.

El tiempo que usé
para quererte,
debí usarlo
para *amarme*.

Te faltó mirar adentro, soy increíble.

ETAPA 3

O D I O & R E N C O R

"Mi mejor manera de odiarte
fue hablando pajas de ti al folio."

TE ODIO

Te odio por haberme vendido la mejor imagen de ti,
el mejor de los disfraces,
la mejor de las mentiras.
¡Felicidades! ¡Me engañaste perfecto!

Que juegues conmigo
no es más que una lección para mí,
pero para ti es una deuda
con *el karma*.

No me extrañabas,
sólo te sentías solo,
culpable,
diferente,
pero lo ibas a superar cabrón.
No tenías que buscarme,
no me extrañabas.

Querido, ella no nació ayer,
ella nació hace mucho tiempo atrás
y ya conoce de hombres como tú.
No creas que podrás jugar con ella.

"Él tocó mi piel con sus largos dedos.
Él me sedujo con sus labios hábiles.
Él me ilusionó con sus mentiras de alquiler
y me enamoró con su escenario de montaje."

Fuiste la prueba perfecta de cómo las personas destruyen sus promesas y de cómo olvidan los recuerdos. De que pueden cambiar y de lo destructivas que pueden ser.

Fui tu victima perfecta. Me atrapaste, devoraste y luego me tiraste sin piedad y sin remordimientos.

¡Felicidades! ¡Actuaste muy bien! Pensé que eras uno en un millón, pero solo eres uno de tantos.

EL EX QUE DEJÓ:

No debería ser capaz de buscarte.
Debería ser capaz de encontrar la razón por la cual te dejó y buscar otra buena razón — válida — por la cual debería joderte buscándote.

P.D. O será mejor que no te busque más.

Te juro que
no te creí capaz
de herirme después
de enseñarme
todas tus heridas,
pero ¡qué jugada!
No fuiste más
que un culpable
disfrazado de víctima.

Detesto llenar un folio en blanco con tu existencia, que gracias a ella hoy fluyo en desamor porque de amor ya no sé desde hace un tiempo. Ya se me olvidó que es sentirme bien, porque todo lo negativo se apodera de mis sentidos. Ni siquiera puedo culpar a alguien ¡joder! Aunque si pudiese te culparía a ti por ser el protagonista y hasta el guionista de esta historia, incluso el director, pero no estuviste solo, yo estuve aquí presente como autora, aunque hubiese preferido ser solo una espectadora, pero no fue así, lo sé y esa es una razón suficiente para cambiar de posición y sentarme en la silla de los culpables.

Cuando digo que ya no sé qué más hacer es porque estoy al borde, mis sentimientos han agarrado forma de puño y me golpean hasta lo más profundo dónde está mi corazón o donde estaba, porque ya ni siquiera late. Siento que me he traicionado al confiar en ti después de tanto, siento que me has robado las alas para poder volar y ya no crecen. Tirarme al vacío sin ellas sería un suicidio, pero quedarme contigo no se aleja de esa idea, aunque prefiero tirarme y quedarme a confiar en que en el proceso me saldrán alas de independencia.

Sé que aún no me toca morir, porque, aunque les cuento que me muero de amor, no es de manera literal sino emocional, estoy muriendo mientras sigo viva y eso es peor, es un sentimiento muerto que me pudre y a eso en las canciones le llaman amor en vez de llamarlo mierda.

Quise alejarme de ti quinientas mil veces de manera metafórica porque sé que fueron muchos intentos de abandonar tu barco, que, aunque recorriera hermosos océanos estaba por hundirse y me maquillaba el mejor de los destinos, pero el final era la muerte.

Te odio por tus acciones, me preocupa que andes suelto en el mundo hiriendo a las personas, pero es algo que simplemente no puedo controlar, como tú hay muchos, y como yo muy pocas.

Cometí errores, ¡discúlpame vida porque estaba cegada! Me aseguraré de ser más lista la próxima vez.

Ojalá desaparecieras, pero no puedo borrar de la existencia a personas como tú solo porque son una basura, por eso te desecho de mi vida, no quiero que vuelvas, porque si vuelves ¡te haré pedazos! Lo siento, pero esta vida se trata de sobrevivir y no dejaré que me hundas en tu porquería.

Te deseo lo mejor del mundo porque creo que todos lo merecemos, pero solo Dios sabrá a quienes dárselo.

Ojalá algún día te des cuenta del daño que hiciste, afortunadamente yo no estaré allí, pero todos sufrimos cuando perdemos a alguien que queremos o que nos quiso.

No sé qué me espera en el futuro, pero dicen que el tiempo sana las heridas, así que esperaré pacientemente a que la vida venga a sanarme.

Ansío ver el día en el que sienta paz en lugares bulliciosos y lugares tranquilos y que no recuerde ni siquiera tu nombre.

Hay cosas que expiran,
como mi amor por ti.

Hay cosas que se pudren,
como tu mendigo amor.

Ser una mujer
extraordinaria
asusta a los hombres
ordinarios.

La poesía no es solo
para escribir de amor,
sino también de indirectas.

Te gusta,
pero prefieres mirarla a lo lejos
a estar con ella
y eso solo te convierte
en un *cobarde*.

Sólo me dejaste
un montón de
malas palabras
que decir sobre ti.

Odio los domingos.
Estoy rota,
lloro por dentro.
Siento los días grises
y ya no anhelo que tu estés,
solo anhelo borrar recuerdos
y liberarme de ellos.

Ya no los saboreo,
ya no los disfruto.
Los recuerdos ahora pesan
y me llevan directo al infierno.
¡No quiero pensar! No quiero pensar…
Que ya no existas en mi vida
puede ser una buena opción para mí,
aunque ya has dejado de existir desde el momento
en que te fuiste.
Sin embargo,
dejaste una parte de ti por aquí
o te dejaste entero dentro de mí.

No merezco esto,
no de tu parte.
Estoy fuera de mi mente,
creo que empiezo a escribir sin sentido
porque la rabia interna sale de mi ahora con
furia,
impotencia,

ira.

Sé que tenías derecho de dejar de amarme,
pero también este dolor me dice que no me lo merecía.
Me encontraba en mi peor momento perdiendo muchas
cosas;
el trabajo,
tu amor,
mi amor,
todo a la vez.

Me abandonaste cuando pendía de un hilo y yo caí,
no lo veía venir.
Siento que solo fue ayer y me cuesta tragar,
¡maldición! ¡No quiero pensarlo más!
No debería de volver a ti con una mente fría si ya todo
se acabó.
Ya no debo amar — jugar — más de esta manera.
Porque volver a ti es alejarme de mí — perderme.
Porque no es cierto que mantengo la cabeza fría
cuando aún espero tu llamada cambiando de opinión.
No puedo esperar que cambies cuando ni yo misma
he cambiado mi forma de amar — aferrarme.

No nos merecemos.
No en este momento.
Necesitamos caminar — alejarnos —
y seguir el rumbo de cada uno

en diferentes caminos.

Me importaste lo suficiente cuando estuve a tu lado,
ahora quiero importarme yo por las veces que no lo hice
cuando más me necesitaba.

Hoy, sé que no volveré a ti — no volveré a lo tóxico —
por simple compañía — por apego.
Es hora de dejar de tomar malas decisiones por
mi propio bienestar y tú eres una de esas ahora.
Antes parecías una buena llamada, pero esa idea se ha
acabado — al igual que nuestra relación.

Nunca soltaste una disculpa por herirme,
sólo huiste.
No importa, lo tengo muy claro,
pero aún me cuesta aceptarlo,
que yo soy la única que debí pedirme perdón
por haberme traicionado.
Es que me hiciste sentir como una loca,
como si yo estuviera mal todo el tiempo,
como si yo hubiese sido el problema en la relación,
como si yo no hubiese sido suficiente.

Dudé de mi por ti — por culpa tuya —
y me perdí a mi misma en el momento en el
que de rodillas supliqué que te quedaras.
Sufrí demasiado después de haber sido muy feliz.

Todo fue muy rápido,
todo muy precipitado
y lo que se siente más eterno es el dolor en el que estoy
sumergida porque la felicidad se ha ido y tú te fuiste con
ella.

Te odio mil veces por hacerme esto sabiendo que
lo que más anhelaba era solo un poco de felicidad.

8 de octubre de 2017

El Péndulo *(Día No. 32)*

Claro que me duele.
Claro que ya no.
Claro que le echo de menos.
Claro que no.
Claro que le quiero ver.
Claro que estoy ocupada.
Claro que aún me duele.
Claro que lo superé.
Claro que ya no le quiero.
Claro que lo amo.

Claro que pienso regresar con él,
pero por supuesto que no quiero hacerlo.
Claro que a veces recuerdo su rostro,
pero ya no me gusta.
Claro que quiero llamarle,
pero me retengo porque
claro que ya lo olvidé.

A quién quiero engañar,
¡Que aún no se ha acabado!

Claro que hoy estoy serena y llena de paz.
Claro que bailo entre el odio y rencor.
Claro que lo perdoné.

Claro que quiero vengarme.
Claro que solo son las hormonas.

Claro que hay un poco de orgullo.
Claro que sonrío.
Claro que miento.
Claro que estoy sumamente clara de lo que siento.
Claro que sueno como loca.
Claro que lo sé.

Y no hay duda más clara de que estoy hecha un desastre,
pero claro que de las tormentas salen maravillosos arcoíris.

P.D. Nuestras emociones son como el péndulo,
se detendrán en cualquier momento.

ESTUPIDEZ:

Rogar que vuelva la misma persona
que te rompió el corazón.

Tuviste la oportunidad de quererme
cuando pediste estar a mi lado y acepté.
Para ser honesta tenía miedo de ceder,
justo habían roto mi corazón,
pero tú parecías diferente — "Parecías".

Te di la oportunidad de
hacerme creer en el amor,
después de todo cariño,
me enamorabas cada día más
cuando hacías que el mundo
se detuviera a mi alrededor
y callabas a la gente que decía
que no éramos compatibles,
que esto no duraría.
¡Maldita sea! ¡Tú los callabas!
Sin embargo,
ellos tenían razón.
Tuviste la oportunidad de quererme
y lo echaste a perder.

He escrito cientos de cartas por
un imbécil que jamás las leerá.
He rogado a la vida que me volviera a amar.
He soñado que al despedirse voltea y vuelve
y he imaginado que en rodillas me pide perdón,
pero la verdad, siento que es puro cliché
que solo pasa en las películas.
En la vida real solo vuelven para *joderte*.

El arte de perder la cordura

Está mirando detenidamente mis ojos para
desnudar la verdad que escondo por dentro.
Sus ojos fugaces hacen que mis entrañas
tiemblen por no saber qué creer.
Mientras que toma de mi mano y la aprieta,
el ambiente se torna caluroso.

Se oía de su boca murmurar elocuentemente
palabras con aliento a mentiras y sus mentiras
se disfrazaron sigilosamente en verdades
que suenan a algo llamado "amor".

Tan clandestinos somos,
tan clandestinos estamos,
tan clandestinos fuimos
y después de tanto tiempo ahogados
en el orgullo por una estupidez,
le juro que pensé que no le volvería a ver.

Me prometí a mí misma golpearlo
sí trataba de besarme,
pero caí en sus labios y no pude contenerme.

Permítame darle un premio por ser
tan valiente de volver a mí,
pero quiero que sepa que,

aunque nos estemos repitiendo otra vez,
no somos los mismos de antes,
ahora somos una versión más tóxica y obsesiva.
Lo crea o no,
los papeles se van a intercambiar,
ahora usted se va a enamorar de mí
y yo terminaré divirtiéndome por el tiempo
en el que lo quise y usted solo supo herirme
y por odiar no me refiero a que le haría daño,
solo le dejaría de querer como
una mujer quiere a un hombre.

Hay dos verdades que necesita saber de mí
si quiere continuar con esto;
Si le golpeó, significa que le quiero.
Si le beso, significa que siento lástima por usted.

Ansiaba que llegara el día en el que
volviera a mí para calmar mi sed.
Por lo general, su personalidad es como
una combinación entre el ángel y el demonio.
Sepa que me mata sus ojos tímidos
y su sonrisa traviesa
y al pasar el tiempo se ha convertido en
la persona que más quiero y también odio,
mi mayor adicción,
la lección de mis errores,
mi pasado

y mi presente,
la lógica que me hace perder la cordura.
Usted es la razón que me hace escribir
de esta manera tan profunda.
Mi inspiración
y autodestrucción.

Usted y yo sabemos que
juntos perdemos la cabeza.
Usted y yo sabemos que
independientemente de todo nos necesitamos.
Usted y yo creemos en
este tipo de amor sin público ni audiencias.
Usted y yo hacemos el arte de perder la cordura.

P.D. Fingí olvidar este romance efímero, pero ahora creo ciegamente en el arte de perder la cordura juntos mientras clavamos espinas en nuestros corazones.

Odio escribir acerca de ti.
Escribir acerca de ti significa recordarte
y recordarte significa tenerte presente.

Entre más quiero olvidarte,
más pierdo en el intento
y sigo perdiendo una y otra vez,
una y otra vez.

Estoy cansada,
se me encharcan los ojos,
se me parte el alma,
se me hace un agujero en la garganta
y no puedo respirar.
Ya ha pasado un mes
y las primeras semanas estuvieron bien,
yo estaba bien.
Tenía expectativas,
planeé metas,
estuve positiva,
pensé que este duelo estaba superado.

Mentiras.

Día 18 sin ti,
vuelves a llamar,
yo respondo
y vuelvo a caer.

Y dolió más que me dejaras ahora
que la primera vez que lo hiciste.
Tú llamas,
yo respondo.
Llamas,
yo respondo.
No respondo,
sigues llamando.
Sigo sin responder
y tú respondes a mi favor.

Mentí cuando dije que no dolía
porque duele cada día,
a cada hora
y cada segundo.

No te enamoras con el propósito de desilusionarte.
No te enamoras con el miedo de que vas a ser infeliz.
No te enamoras de la persona que detestas,
en lo absoluto,
te enamoras de la que admiras y te gusta.
No te enamoras de las palabras que duelen,
te enamoras de las palabras que enamoran.
No te enamoras solo,
te enamoras con alguien.
No te enamoras para desamorarte.

No mereces ser el clavo que saca a otro clavo.

Le regalaste rosas para enamorarla
y luego se las arrancaste cuando
decidió mostrarte su interior.
Descuida cariño,
ella no cambiaría por ti.

No sé cuántas veces pedí perdón por un solo error y cuántos errores han sido, pero he tenido que reconocerlos, pedir perdón y aprender de ellos. Sin embargo, si me los vas a tirar en cara después de "perdonarme", si decides reprocharme en una discusión después de un "tiempo", si empiezas a utilizarlos en mi contra o como venganza, ¡mejor vete! No es orgullo, es que tú no me has perdonado.

Si supieras que los errores no solo te afectaron a ti, me afectaron a mí y lo reconozco. No es orgullo, créeme, no me quedare esperando tu aprobación, eres humano igual que yo, la friegas igual que yo, la dañas a diario. Sólo no deseo que te quedes en mi vida como una mala influencia, porque de los errores se aprende, no se usan como arma, no perdonas y reprochas, no perdonas un solo día, ¡no perdonas y destruyes! Perdonas por amor y supongo que ya perdiste el cariño.

¡Qué lástima! Porque yo te quiero, porque siempre estaré aquí, pero no puedo si tú no me dejas, si solo me miras como un viejo error. ¡Qué lástima! Porque perdonar es liberar, deberías intentarlo. Porque si yo no hubiese elegido perdonarme a mí misma no hubiese manera de seguir en pie y eso es lo que tú me haces, me derrumbas.

Por eso, ¡márchate! No estoy dispuesta a ser señalada. Sigue tu camino, pero si acaso decides volver, no te preocupes, que yo jamás reprochare el hecho de haberte perdonado.

Su idea de egoísmo

Me cuestioné las veces que me llamaste "egoísta"
y es que mis acciones en ese entonces estuvieron
ligadas a un "irse".

Irse de tus brazos que no me tocaban.
Irse de tus labios que me engañaban.
Irse de tus manos que me soltaban.
Irse de tu vida que me alejaba.

Ahora,
por querer irme de esta manera,
¿dices que sigo siendo egoísta?

Que él no se atreva

No me digas que soy una egocéntrica y que ese ha sido mi mayor defecto desde siempre. Aquellas palabras que decía: "Merezco algo mejor que tú", significan amor propio. Ese amor que no tuve cuando te quería.

Me impresiona que continúes escarbando mis errores para tirármelos en cara. Que quieras explicaciones sobre lo que ocurrió y que insistas en culparme de tus propios errores, cuando la verdad es que mientras estuviste ausente yo te necesite y tú no estabas.

El tiempo en el que me dejé juzgar por ti, el tiempo en el que estuve expuesta, el tiempo en el que fui sensible, en el que dejé de ser yo misma, en el que estaba ciega por esto que solía llamar "amor", era ese el momento en el que podías seguir siendo tan idiota conmigo como ahora, pero ya no es así.

Esos cabrones no me hirieron,
yo les permití que me hirieran.
Yo les ofrecí asiento y
dejé que se quedaran un rato más
sabiendo que estaba mal.
Ya no culpo a los demás por querer entrar a mi vida,
ahora me fijo muy bien a quien permito quedarse.

¿Sabes qué es lo más estúpido?
Que dijiste que no querías
convertirte en un mal recuerdo
y terminaste siendo el peor.

Cuando regreses
te diré que:
No necesitabas
perderme
para
tenerme.

Y aunque me trataste como basura, al final he decidido quedarme con lo bueno;

Con nuestras sonrisas,
con nuestros abrazos,
con nuestros momentos
y con todo lo que nos hizo
alguna vez un "nosotros".

Tal vez tengas razón, nunca te conocí y ya da igual el final.

Por eso, hoy decido quedarme con lo que una vez me demostraste ser, porque eso es mejor que recordarte como una basura.

ETAPA 4

TRISTEZA

"Y me di cuenta de que,
sí mis huesos fueran mi corazón,
ya estarían rotos."

Necesito un tiempo para:
Llorar,
gritar,
quebrarme
y desaparecer,
pero prometo que
volveré a ser la misma de siempre.

A mí no me faltaba el aire sin ti,
ni la vida,
ni el amor,
ni las oportunidades.

A mí me faltaba tu esencia,
tu presencia,
tu existencia.

A mí me faltabas tú.

Me gustaba

Me gustaba los buenos días por la mañana, los esperaba en cada abrir de ojos no importa a qué hora fuese. Me gustaba el recorrido que hacías con tus dedos sobre mis lunares, aunque solo fueron algunas veces y yo me quedé con más ganas. Me gustaban las llamadas, la primera vez riéndonos, haciendo química y la única vez que me replicaste en el almuerzo y yo esperaba más de esas. Me gustaba cuando comenzamos a decirnos sobrenombres de cariño, cuando te decía "te extraño" y tú lo decías repetidas veces devuelta. Me gustaba las "buenas noches" cada noche sin falta, me acostumbré a ellos. Me gustaba cuando preferías venir a casa a ver películas en vez de pasar el rato por las calles y las horas no nos alcanzaban. Me gustaba acariciarte el pelo, acariciar tu rostro y que luego confesaras que nunca nadie te había tratado de esta manera. Me gustaba la emoción de verte después de días sin vernos, abrazarnos y escuchar nuestros suspiros. Me gustaba la cercanía, hablarnos todos los días, estar contigo sin estar contigo, ir despacio e ir muy rápido y no saber qué rayos estamos haciendo,

si conociéndonos o perdiéndonos.

Domingo 28 de abril de 2019

Te pienso todos los días,
en mi cama,
en medio del tráfico,
entre tanta gente.

Cuando miro mis manos que están frías,
siento que no es suficiente,
me hace falta el calor que le daban
las tuyas cada vez que apretabas.
Que he agarrado otras manos
y otras manos me han agarrado,
pero no siento ese cosquilleo
que la tuya me provocaba.

Te veo en cada persona nueva que conozco,
no funciona cada vez que quiero intentarlo
con alguien más y te recuerdo.
Recuerdo lo fácil que fue contigo,
esa magia que no he vuelto a encontrar
y me frustro.

Me abrazan otros brazos,
me hacen suya otras manos
y lloro porque no eres tú.

Me arrepiento de cuando
dije que no eras para mí
y ahora estoy aquí queriendo
volver a algo que ya no es mío,
que he perdido.

Últimamente he llorado
después de meses que no lo hacía

y tengo miedo de no poder olvidarte.
Tengo miedo de seguir amándote
dentro de mí en silencio cuando
pensaba que te había dejado ir.

Porque,
aunque quisiera,
nunca podría volver a ti,
ni tú a mí.
Está acabado,
esta quemado,
está roto.

Lo siento por haberte encontrado
en el momento equivocado.

Tal vez,
quizá,
quién sabe,
en otra vida no te estaría
extrañando de esta manera.

Quizá,
en otra vida,
estaríamos juntos.

Decían que extrañarte los domingos no tiene sentido, pero ellos no tienen idea qué es mirar una calle solitaria, una ciudad sin tráfico y una cama vacía sin el amor de su vida.

Lo hice.
He vuelto a escribirte,
solo espero que esta vez
sobreviva al intento.

Quieren explicaciones de por qué
estoy tan enferma y les digo:
No hay explicaciones,
estaba enamorada.

Mirarnos juntos desde este presente
y mirar lo mejor que vivimos
junto a lo peor.

Mirar cada comienzo
y cada final.

Mirarnos entre
menos bienvenidas
y más despedidas,
me partía,
me revolvía,
me destruía.

Sensaciones

Amor,
me has hecho tanto daño,
pero puedo perdonarte una y otra vez
porque me has dado motivos para odiarte
y también para amarte.

Eres amor,
pero también eres odio,
eres luz y oscuridad.

Estás pretendiendo sentir nada por mí,
tratas de retener todo el tiempo tus sentimientos,
me haces pensar que no soy nada para ti,
¿Es eso real?
Porque luego pienso en las veces que
me miras a los ojos como si fuera tu vida
y las veces en las que acaricias mi frente
y pelo como si quisieras que fuera tuya.

Sigo esperando un mensaje tuyo que probablemente no
llegará nunca y si de casualidad llega nada podría hacer,
nada más podría intentar, porque está escrito, nada nunca
más volverá a ser lo mismo.

Te extraño con mi vida, te necesito, te amo, pero eso es
todo y no puedo hacer nada al respecto.

Le gusté, pero no lo suficiente

A él le gustaba:

Mi forma de ser,
mi manera de pensar,
mis sentimientos,
mi amabilidad,
mi estruendosa risa,
mis sueños,
mi fe,
mi determinación,
mi seguridad,
mi paz,
mis fuerzas,
mi energía,
mis vibras,
y la luz que me ilumina.

También,
mis ojos,
mis labios,
mi cabello,
mi mirada,
mi voz,
mis besos,
mis abrazos,

mi alma,
mis letras,
mi cuerpo,
mis manos,
mis caricias,
mi calor
y mis gemidos.

Pero, hubiese querido también le gustara:

Mi forma de no ser,
mis circunstancias,
mis inseguridades,
mis preocupaciones,
mis necesidades,
mi incomodidad,
mi sufrimiento,
mi agonía,
mi dolor,
mis grietas,
mis golpes,
mis heridas,
mis cicatrices,
mis luchas,
mis derrotas,
mi despecho,
mi pasado,

mis sombras,
mi presente sin rumbo,
mi futuro sin dirección,
mi desesperanza,
mis cambios,
mis besos efímeros,
mi quebrada voz,
mis gemidos de dolor,
mis ojos cristalinos,
mis mejillas encharcadas,
mi poesía gris,
mis miserables letras
y la oscuridad dentro de mí.

Pero,
no sucedió.
Él me amó,
pero no completa.
Fui suya,
pero no entera.
Por un tiempo realmente
efímero que se escapó de
nuestras vidas para siempre
y no volverá.

4 de marzo de 2017

Besos, abrazos, caricias
cualquiera los puede ofrecer,
pero razones para quedarse
muy pocos pueden tener.

Ella,
quien sonríe mientras
ganas tiene de llorar.
Ella,
quien deslumbra radiante
luz detrás de su oscuridad.
Ella,
quien ve lo bonito de la vida
a pesar de no comprenderla muy bien.

Ella es hermosa
por dentro
y por fuera,
pero no lo sabe, ·
no lo ve,
no lo siente.

Piensa necesitar a la persona que ama
con las intenciones de que la complete,
pero no se da cuenta de lo completa
que está sin nadie a su lado.

Se alimenta muchas veces de
la felicidad de otros segura de
que será la única manera de
escapar de sus demonios,
pero se engaña.

Ella,
quien camina por las calles
con los recuerdos en los bolsillos.
Ella,
quien vive del pasado.
Extraña cosas que ya se han ido,
anhelándolas un día devuelta.
Ella,
quien depende de otros.
Regala su vida sin esperar
nada a cambio.
Ella,
quien busca ser querida.
Quien odia dormir
en una cama vacía.

¡Ella tiene tan poco amor para sí misma!

Quiere amar llorar,
aunque sea una vez.
Desea menos despedidas en su vida.
Echa de menos los besos
de aquel que no la quiso jamás.
Quisiera devolver promesas,
y aunque en su presente
todo marcha mejor,
su nostalgia la lleva hacia
un pasado sin sentido.

Ella,
De infancia dura,
cansada de la vida,
pero también agradecida.

Ella pierde su mirada
al contemplar el cielo,
como si acaso allí estuvieran
todas sus respuestas.

¡Ella es una mujer indudablemente preciosa!

Una poeta apasionada
y soñadora.
Con un alma rota,
pero con un corazón fuerte.

¡Esta mujer debería saber lo hermosa y completa que es!

Debería ser querida,
en cada amanecer que despierte
y en cada anochecer que descanse.

8 de marzo de 2017

Y si te veo con alguien más,
te juro que las partes rotas
de mi corazón se partirían
más de lo que ya están.

Si supiera que hay otra persona,
me hundiría entre mis lágrimas
hasta quedar deshidratada.

Mi mundo se convertiría en
preguntas que ya me he hecho
desde que no estás aquí
y de pronto llegas tú con
nuevas respuestas como un
aventón de agua fría por la mañana.

Es hora de despertar,
pero mi cuerpo sigue en mi cama,
mi rostro en mi almohada
mis ganas entre mis sábanas
y mi corazón, sigue contigo.

No hubo algo que me diera más vergüenza que rogar
para que regreses.

Rogar a Dios, a la vida, al destino, rogarte a ti
y rogarme a mí para dejar de rogar una vida de cuadritos.

Al despedirte, me hiciste un gran favor, sin embargo,
no te lo agradezco.

No sé si es peor el dejarte ir o dejarme ir a mí por no
soltarte a tiempo.

Porque sé todo el daño que me hiciste, me haces y me
harás, pero sigue sin importarme y lo confundo con amor.

Dicen que el amor empieza por uno mismo y yo ya lo
perdí hace tiempo.

No sé por qué pienso que, si me rompes, *me recompones*.
Que, si me quiebras, *unes mis partes*.

¿Existe mayor estupidez que pensar esto? Que, ¿rogar
que vuelva la misma persona que me rompió el corazón?

Masoquista.

Que lo que me daña, me haga sentir tan bien a la vez.

Mi cura y mi enfermedad.

Hay una parte de mis días que odio,
es esa donde apareces tú.
Te recuerdo y no puedo sonreír,
fuiste una de las peores despedidas
que pude tener.
Me rompiste el corazón
y aunque no fue la primera vez
se convirtió en la peor de todas.

Hace meses que no estás,
hace meses que ya no somos.
¿Todavía recuerdas?
Te pregunto porque yo me hago
pedazos cuando te recuerdo.
Me hago pedazos en cada palabra
que mencionaste,
me hago pedazos en cada acción
que hiciste,
me hago pedazos en cada sensación
que me dejaste.

Si crees que para mí fue fácil,
te digo que no.
Yo te amaba,
te quería con todas mis fuerzas.
Yo contaba mi futuro contigo,
tal vez dentro de eso una vida.

Me enamoré de la persona
que solías ser,

de esa que demostró su mejor lado
y yo le creí.
Supongo que tienes razón,
jamás te conocí,
aunque eso creí haber hecho.

Tu fuiste la mejor parte de mis días
y ahora no eres más que la peor de ellas.
No quiero recordarte,
no quiero mencionar tu nombre
en mi cabeza.
No quiero vaciar más lágrimas
ni más dolor,
pero no puedo explicarle a mi corazón
que tanto te amó todo lo que hiciste.

Y a pesar de lo difícil que es
lidiar con tu recuerdo,
quiero que sepas que:
No te recuerdo porque aún te quiera,
te recuerdo por todo lo que te quise,
alguna vez.

— 6 MESES

6 meses para amar no son nada, pero 6 meses para olvidar son demasiados. Cuando pienso en esto quisiera devolver el tiempo y no haberte amado nunca, porque el poco tiempo que me dediqué a hacerlo fue tanto que 6 meses no me alcanzan para olvidarte. Y si hubiese pensado que amarte me destruiría el alma, me robaría la paz y me haría contar hasta mis lágrimas tal vez jamás hubiese apostado por ti, pero de 7 mil millones de personas yo elegí intentarlo contigo, aunque no tenía idea de que te marcharías. Fueron 6 meses para conocernos y ahora son 6 meses para desconocernos y lo que más odio de esta vida es cuando me presenta hermosos escenarios como tú para obligarme a decir adiós, un adiós que casi siempre termina siendo para toda la vida.

He querido olvidarme de algunos recuerdos,
pero hay lugares en donde he dejado una parte de mí,
y volver a caminar por ellos es volver a inicios
y conectarme con personas.

12 de diciembre de 2017

¿No te parece que
de pronto estuviéramos
mal emparejados?

Terminamos con un ex
para luego extrañarlo
y empezamos con alguien más
que no nos hace sentir igual.

Recuerdo la primera vez que volteé a verte,
allí estabas tú cruzándote en mi camino.
Recuerdo cuando solo éramos amigos,
nuestras charlas nos hacían olvidar el mundo
y los problemas.
Recuerdo cuando tomaste de mi mano
por primera vez en la calle,
sentí como si antes nunca nadie la hubiese
tomado de la misma manera.
Y nuestro primer beso,
¡Fue fatal!
Te me lanzaste demasiado rápido
y yo quería que fuese especial,
pero tú lo hiciste especial.

Creo que ya sabes que estoy hablando de ti.

Quiero que sepas que,
aún te recuerdo a pesar de todo lo malo.
Que no te he olvidado,
ni me he olvidado de nosotros.
Que te pienso todos los días,
aunque ya ha pasado demasiado tiempo.

En ocasiones me pregunto
si tú también me recuerdas,
porque hay momentos en que temo

que me hayas olvidado por completo.

A estas alturas, me pregunto repetidas veces
sí de por casualidad no te estaré faltando,
aunque sea para abrazarnos por las noches
y charlar sobre cómo nos ha ido en el día.

Ya no sé dónde estás,
ni que haces,
ni cómo has estado,
pero espero que todo vaya bien
ahora que estás sin mí.

Estás tan cerca de mí, mas ya no alcanzo a tocarte.
Cerca sigues estando, mas no logro expresar que,
extraño abrir los ojos y ver que estas aquí,
que extraño sostener tu mano e ir a cualquier lugar juntos.
Que extraño 4 meses atrás
y los días 25 del calendario.
Que te extraño a ti
y deseo poder decirte todas estas cosas,
pero que a veces la única manera de extrañar es
haciéndolo desde nuestra soledad.

Por eso, desde mi soledad te escribo esta carta
para decirte que:
te sigo recordando amor,
pero ahora dentro de mi corazón.

Llévame

Llévame hacia atrás,
cuando no te conocía.
Llévame al tiempo
donde no escuché tu nombre.
Llévame al momento
cuando no te odiaba.
Llévame donde
no exista una razón.
Llévame a enero,
a la parte de la historia
donde tú eras tú
y yo era yo.
Llévame a 365 páginas atrás.
Al pasado exactamente,
a hace un año.
Llévame allí para volver
y no cruzarme por tu
camino nunca más.
Llévame al olvido,
llévame al jamás,
llévame lejos,
y entonces,
tráeme de vuelta para que
sea diferente esta vez.
Para que ni en esta
ni en otra vida
vuelva a amarte
otra vez.

2 de marzo de 2017

Hay muchas cosas en mi vida que se
han vuelto solo un recuerdo más
y tu formas parte de ellas.

Eres igual de efímero,
de pasajero,
de temporal.
Eres igual que todo,
vienes
y te vas.
Vienes a darme alegría
y te vas dejándome herida.

Cuando siento,
siento puñaladas.
Siento cada palabra que dijiste
y cada acto que hiciste.
Siento muy adentro
y se me escapa en forma de lágrimas
que recorren mis mejillas una vez más.

Esto es lo que dejaste en mí;
Un alma rota.
Un alma que solo sabe de
canciones con letras tristes,
un alma que ahora lo
entiende todo mejor.

No lloro por ti,
no sé cuántas veces más lo aclaré.
Lloro por todo lo que lloré,
porque lloro y no quiero llorar más.

Lloro por todas las sonrisas
que provocaste y destruiste.
Porque viniste a mí sin saber
lo que hacías y te fuiste por
instinto sin importar lo que
construiste.

Te siento con tu recuerdo
y con esta carta una vez más
solo espero dejar sentir.

16 de febrero de 2017

Los días van pasando
y mientras yo sufro,
tú cantas.

Suelto mi mano de la tuya, aunque jamás la sujetaste,
solo sostuviste mi pulgar para no dejarme ir
ni tampoco para hacerme quedar.
De igual manera, te suelto.

Sé que me dejarás de doler muy pronto,
porque ya he vivido lo mismo
una y otra vez.

Puedo tomar mi teléfono y llamarte para decirte que te extraño, pero ¿a dónde quedaría mi amor propio, si tú no sientes lo mismo? Puedo enviarte un mensaje de texto y decir que me he enamorado de ti, pero ¿a dónde quedaría mi amor propio, si tú no sientes lo mismo? Puedo correr hacia donde estés y decir que te amo, pero ¿a dónde quedaría mi amor propio, si tú no sientes lo mismo? Sería perfecto que coincidamos en esta vida, pero ¿qué sucede cuando no es lo que espero? Simplemente no intento más, no insisto más, no me obsesiono más, no me aferro. Porque amar implica callar muchas veces lo que sobra, dejar escapar muchas veces lo que se quiere ir y aceptar que se ha perdido. Si decirte todas esas cosas me duele porque no es recíproco, no es amor y amar significa que no duela quererte. Por eso elijo tomar mi teléfono y dejarlo sobre la mesa esta vez porque puedo retenerme de decir que te extraño. Elijo borrar el mensaje de texto que estuve a punto de enviar anoche porque ya no es necesario declarar que me enamoré de ti. Elijo detenerme y volver a casa y callarme las ganas de decir que te amo porque sí, te amo, quizá lo siga haciendo durante un tiempo, pero me amo más a mí y eso de seguro lo haré toda mi vida.

Léeme cuando te acuerdes de mí después que te hayan roto el corazón:

Lo sé, prefieres que te hayan golpeado en la cara a que hayan roto una parte dentro de ti. Sé que duele más las heridas que no se ven que las que se pueden apreciar con los ojos. Que las madrugadas llenas de insomnio se hacen eternas y crees que es por culpa de él o ella, pero tu fallaste, le llamaste cuando no tenías que haberlo hecho, te traiciono el frio de tu corazón y después de escuchar su voz y lo bien que está sin ti regresaste a tu cama vacía y te volviste miserable otra vez. Te sientes incompleto porque dejaste que este amor se llevara un pedazo de ti, un pedazo que no se le regala a nadie dejándote en ruinas y sin iniciativas para reinventarte. Sé que duele hasta adentro, sobre todo porque te enamoraste pensando que al final serían ustedes juntos y ahora el final eres tú agonizando solo. Ni hablar de cuando enciendes la computadora y te pones a ver sus fotos, su vida, sus estados y te quiebras más, te haces daño conscientemente y quieres más, no te conformas, en eso es lo que te ha convertido este cruel desamor y el dolor que sientes es solo una pista para que te des cuenta de que ya no vale ni un segundo más de tu tiempo, pero tu ni haces caso. Está bien, sufre, si sufres es porque valió la pena arriesgarse, si sufres, es porque hubo amor de tu parte, si sufres, es porque se ha acabado y ahora tienes motivos para dejarlo atrás y seguir. Sé que duele, déjate moler un rato, pero recuerda esta carta cada vez que recaigas y sientas que estás a punto de volver, es solo tu vacío traicionándote otra vez, no es real, tú puedes ignorarlo.

Para:

El que regresa con quien ya se ha ido

Esta carta es para ti que has vuelto a abrazar a quien te ha dado la espalda. No creas que porque volvió es porque ha cambiado. Te prometió empezar de cero, prometió que todo sería diferente, pero ya es más de una vez que se ha ido y muchas las veces que ha intentado regresar. Juega a que es el pájaro y tú mantienes tu jaula abierta, ¡despierta! ¿Por qué vuelves a lo mismo? Ya no hay amor, hay apego y es una manera de intoxicarte. ¡Despierta! ¿A dónde quedaron tus palabras, el último adiós, la determinación y tus fuerzas? Además, ¿dónde quedo el tiempo que invertí escuchando cómo tu corazón se rompía y yo era lo mejor que te había pasado en ese momento? Ahora no soy nada, me usaste como escape, como un amuleto de la suerte, tu refugio y ¿de qué sirvió si lo tiraste a la basura? Regresas al mismo sitio donde te dejaron de querer, regresas con la misma persona que te dejó de amar y le cierras la puerta a un nuevo comienzo para abrirle a tu pasado que te traiciona. Recuérdame cuando regresen los mismos problemas, recuérdame cuando nada haya cambiado, recuérdame cuando sueltes tu primera lágrima y tu corazón quiera salir a buscar a tu querida amiga yo, quien tanto te aguantó, pero no pudo seguir soportando ver cómo te hundías. Cuando recuerdes que fue una mala decisión volver a tragar lo que un día vomitaste, espero que te perdones completamente, más de una vez si es necesario y sueltes todo para volver a empezar otra vez.

Estoy tratando de amar,
pero no sé cómo hacerlo.

Estoy tratando de amarme,
pero solo veo piezas rotas.

Cuando quieras huir de mi lado, sean las 6 de la tarde y me dejes en la mesa con la cena a medias, me elegiré a mí.

Me elegiré cada noche mientras no estés cuando el insomnio comience a hablar de ti y yo quiera irme a dormir.

Apagaré el televisor en medio de películas y canciones de amor y procuraré que tu recuerdo no se siente a mi lado.

Borraré cada foto que queda en el teléfono y quemaré el resto que adornan la sala, no importa si queda vacía.

Limpiaré mis lágrimas luego de llorarte 5 minutos cada día y encenderé mi comedia favorita.

Creeré en mí cuando no sepa otra vez por qué te marchaste y no dudaré del amor por esto.

Me elegiré a mí, aunque sea difícil, y prometo no ir a buscarte ni intentar saber nada de ti.

Prometo comenzar a desconocerte por completo, aunque tantos años me hayan enseñado todo sobre ti.

Y recogeré mis partes rotas y los pedazos de vidrios que pudieran quedar sobre el suelo y crearé amor con cada una de ellas, y no, no volveré ni te dejaré volver nunca más.

Todo pasa tan deprisa. Tenemos que estar supuestamente preparados para las cosas cuando realmente no lo estamos. Tal vez todo llega antes de tiempo o no lo sé, pero

vivimos tanto a una edad *tan corta*
que sentimos tanto en *tan poco tiempo.*

Te veo,
cuando camino cerca de aquel restaurante donde
solíamos cenar.
Te veo,
al salir de mi apartamento donde esperabas por mí.
Te veo cuando despierto,
porque acostumbraba a hacerlo a tu lado.

Te veo entre suspiros,
porque eran por ti y para ti.
Te veo cada que cierro los ojos,
no son tus labios,
sino eres tú dándome la espalda.
Te veo en aquel sitio,
donde caminaste adelante sin dudar
y me abandonaste.
Te veo al llover,
como la última vez que nos vimos.
Te veo entre mis lágrimas,
de tanto que me hiciste llorar.

Sin embargo,
estoy intentando olvidarte tan rápido
como tú lo hiciste amor, ¡no te desesperes!
Estoy intentando reprimir mis lágrimas
entre cada recuerdo porque ya no mereces
ni una sola más de ellas.
Porque entiendo que fue suficiente,

que merezco respirar
y darme cuenta de que,
sigo viva sin ti.
De que,
soy maravillosa,
no porque tú solías decirlo,
sino porque siempre lo fui.
Tengo valor,
no porque tú me valoraste,
sino porque antes de ti siempre lo supe.
Merezco ser amada,
no porque tú me amaste,
sino porque yo siempre me amé.

Me costó entenderlo,
que antes de ti yo era yo,
que contigo seguí siendo yo
y después de ti reinventé mi yo en uno mejor.

Dejé de llamarte amor para llamarte lección
y así fui entendiendo que no te estoy olvidando,
sino superando.
Que no te estoy odiando,
sino dejando ir.
Que no fue fácil aceptar que no eras para mí,
pero gracias por haber sido parte de mi vida.
No he dejado de pensarte,
porque tú eres el motivo de que yo esté ahora
en un sitio mejor.

Existe ese que siempre te buscará,
aunque te hayas alejado,
y está ese que jamás volverá
a hacerlo.

Postergar

Lo he visto en cada despedida. He visto las veces que solíamos decir que sería la última vez, pero siempre era la primera, como si dentro de cada adiós quisiéramos intentarlo otra vez, como si en cada adiós albergáramos una esperanza distinta, como si quisiéramos detenernos en medio del acto y postergar la despedida en nuestros corazones para siempre. Decir esa palabra fue realmente difícil porque en realidad no era lo que queríamos decir. Por eso el día que dejamos de usarla, el día que nos ahorramos el espectáculo y la necesidad de hacer un acto de despedida, el día que nos dejamos de ver sin saber realmente que ese sería nuestro último día, ese día entendí el verdadero adiós que jamás podríamos decir. Y entendí que, algunas veces somos más sinceros cuando hay silencios, que algunas veces cuando nos retiramos a escondidas es porque es el final y que algunas veces cuando es el final es porque ya no existen esperanzas.

Los ojos de ella

No lo sé.
Solía mirar sus ojos
y en realidad no lo sé,
no sé si la amaba.

Francamente,
esa mujer tiene unos
ojos preciosos que sólo se
dedicaron a mirarme a mí.

Tenía toda su atención,
más de lo que podía pedir.

Ella siempre todo me lo dio,
incluso lo que no merecí jamás.
Y lo que nunca logré
leer de sus cartas,
lo encontré escrito en
sus pupilas dilatadas.

Yo la miraba,
solía mirarla
y sentía que ella me amaba
con aquella intensidad,
pero yo francamente

me dediqué sólo a lastimarla.

Tal vez la amé,
tal vez no,
no lo sé,
ya lo he dicho.
Sólo sé que ella era
una mujer increíble
y la perdí,
a ella,
a sus ojos
y a su corazón.

Debo decirte que estoy bien. Entre lo bueno, abrazando y disfrutando de la vida, de las cosas, de mí misma, del espacio que me diste y a veces te olvido, pero aún siento que haces falta. Me da rabia, soy muy testaruda pero hoy me volví vulnerable al pensar en ti. Quiero presumirte de que las cosas van bien, hablarte de mí nuevo lugar, compartir la emoción contigo, hacerte parte de esto. A veces te ilusiono y cuando veo que no estás me vuelvo blanco y negro. Mis días siguen sin ti, pero mi corazón aún sigue contigo. Te siento en cada lugar que piso porque allí hubo una historia entre nosotros. Te llevo y me llevas y siempre me faltarás para completar la felicidad que cargo ahora. Quisiera hacerte parte de mi mundo otra vez, quisiera poder agarrar tu mano quinientas mil veces más porque una no fue suficiente.

11 de septiembre de 2017

Recuerda esto antes de decidir marcharte:

Y si sientes algún día que ya no la amas,
solo díselo,
pero no le hagas sentir que nunca lo hiciste,
no le hagas pensar que le mentiste.

Y si decides marcharte,
dile tus razones.
Que esto es parte de la vida,
pero no le hagas pensar que ella tiene la culpa
cuando eres tú quien ha decidido irse.

Y si le vas a romper el corazón,
recuerda que una vez ya estuvo rota
y que romperle en el mismo sitio le
dolerá más que la primera vez.

Así es que parte decentemente,
déjala adecuadamente.
Hazle sentir que tu tiempo con ella valió la pena,
que ella sigue siendo hermosa,
que esto no es por ella,
sino por ti.

Mira que después de ti le quedará un vacío,
no la llenes de dudas.
Vete apropiadamente
y no la lastimes más de lo necesario,
será lo mejor que podrás hacer por ella.

La soledad tiende a hacernos
equivocar de compañía.

En retrospectiva,
desearía haberte amado como lo mereces;
Sin ataduras, sin obsesión,

sin dependencia.

Lo siento tanto por haberme cruzado en tu camino
y no fue para amarte sino para aprender. Siento tanto
haber renacido de las heridas que te dejé y haberme
dado cuenta finalmente de lo que quería y no eras tu.
No quise que fuera así, pero nadie ama creyendo
que será el error de alguien más.

Todos somos el pasado de alguien.
Ese a quien no quieren recordar,
el villano de la historia,

la persona tóxica.

Y si todavía lloras por él, si todavía te duele, si todavía lo extrañas o quisieras retroceder, entonces ya no estás aferrada a él sino a su recuerdo.

Quizás nos pesa demasiado el orgullo
para admitir que a veces no
quisiéramos estar *solos*.

Me quedé por decir muchas cosas,
entre esas,
que *fui demasiado para ti.*

Para sanar algo
primero tendrá
que **dolerte.**

ETAPA 5

ACEPTACIÓN

"Y tuve la oportunidad de preguntar por ti,
pero ya no sentí la necesidad de hacerlo"

DEPENDENCIA EMOCIONAL

Dependía de ti y hasta hoy me doy cuenta. Te confundí con amor cuando sólo era adicción. Al principio me encadenaste tú, pero con el tiempo me encadené yo. Me disculpo a mí misma por haberme permitido un sufrimiento completamente involuntario, a ti por haberme dicho que no podía vivir sin ti. Lamento haberte rogado que te quedaras, solo estaba prolongando el tiempo de decir adiós por no querer aceptar la realidad. Lamento haberte dicho que no te fueras jamás de mi vida, no sabía lo que decía, aunque en el momento lo tuviera claro. Porque creí haber sentido amor cuando lo único que hacía era engañarme constantemente por ti, una ilusión, nada más lejos que un reflejo de lo que pudiste haber sido, pero jamás fuiste. Te quedaste en el quizás, te quedaste en los intentos y no me di cuenta a pesar de ser notorio que el reloj avanzaba y yo me quedaba atrás de él, corriendo detrás de lo que al final me hizo pedazos. Era yo y mi necedad, era yo y mi dependencia a ti, atrapada en un "no puedo vivir por mí misma" cuando toda la vida estuve sin ti. Me hundí en miles de miedos por acostumbrarme a estar a tu lado, entre falsas expectativas y muy alejada de la realidad. Al decir lo siento no intento lamentarme por lo que pasó, intento hacerte saber que cambié de opinión gracias a tu indiferencia. Cuando pisé fondo y caí en el precipicio creí poder morir, pero afortunadamente allí encontré la salida. He entendido finalmente lo que pasó y por qué pasó. Cuando me busques estaré muy lejos de ti y no me encontrarás, esta vez corriendo por algo que realmente me merece.

17 de febrero de 2017

No sé,
sólo empecé a dejar
que todo fluyera
y tú,

desapareciste.

Odié las veces que me disculpé por llorar, gritar, ser sincera, estar insegura, sentirme culpable, enojada y fuera de lugar. Ahora por lo único que debo disculparme es por haberme avergonzado de mi propia forma de sentir.

Si tuviste que perderme para darte cuenta de que valgo,
de que ya no quieres estar solo o de que me amas
finalmente, entonces tengo suficientes razones
para dejarte ir.

¡Adiós!
    Merezco algo *mejor*.

Gracias por tu silencio,
me hace más fácil olvidarte.

Hoy te dejo partir

Entiendo por qué te fuiste de mi lado. Te fuiste porque este lugar ya no era seguro para ti. Al principio construí algo llamado amor, al final lo destruí con posesión. Te fuiste porque llené esta relación de celos y tú nunca me diste motivos ni razón. Te fuiste porque te esforzaste por hacerme feliz, pero yo nunca me di cuenta de ello. Porque tenía altas expectativas que no podías cumplir y no era tu culpa. Porque cada vez más te hacía sentir que nada valía la pena, que nada era suficiente. Necesitabas aire y yo no te lo daba, necesitabas sentir tus alas y yo te las cortaba, necesitabas libertad y yo te ataba, necesitabas ser tú y yo quería cambiarte. Te fuiste y no lo hiciste porque no estuvieras luchando o porque fueras un cobarde, luchaste hasta que me convertí en tu mayor impedimento. Siempre creí que tú me habías roto el corazón, pero yo rompí el tuyo al no valorarte. Ahora lo entiendo todo, me diste tu alma y yo la eché a perder. Te sigo queriendo, aunque no lo creas, pero entiendo que es difícil de creerlo después de todo y no lo digo como excusa para volver a ti, te respeto y por eso hoy te dejo partir.

El proceso de olvidarte

Tal vez el día de hoy me he despertado pensando en ti. Tal vez anoche fuiste mi último pensamiento antes de irme a la cama. Tal vez he fallado al sentir nostalgia cuando escuché tu nombre. Tal vez te he extrañado desde el momento en que partí y me siento culpable por ello, lo admito. Me da un poco de vergüenza que te enteres que aún escribo de ti, pero lo hago para aliviar mis penas, también para quienes se sientan de la misma manera y puedan verse a través de mí. Pero verás, te escribo constantemente cartas que jamás leerás. Lo hago desde que me enamoré de ti y ahora sólo me sirven para olvidar quién eres. Es la terapia que me he recetado para sanar mi corazón. Al escribir de ti me desapego de lo tóxico que guardé en mí cuando te quería, creando mi propia manera de olvidarte a pesar de que muchas veces eso me lleva a recordarte. Es contradictorio lo admito, pero soy totalmente consciente de que te amé por un largo tiempo o eso creí y de hecho no espero que el efecto de vivir bien sin ti sea de inmediato. Así que, admito que anoche fuiste mi último pensamiento, que hoy el amanecer me dibujó tu cara otra vez y que sentí nostalgia al escuchar tu nombre. Que en mi cabeza aún sigue rondando el — quizá — y el — por qué — y que al mirar por la ventana me sobra una pizca de esperanza en el corazón de que aparezcas de alguna manera. No es que quiera retroceder el duro esfuerzo que llevo hasta ahora, la realidad es que aún espero de ti algo que me hace falta y no eres tú, es el perdón que jamás pronunciaron tus labios ni sintió tu corazón. Al decepcionarme de ti me doy cuenta de que te amé sin conocerte y eso me decepcionó a mí porque creí haberte conocido. No importa, todos nos equivocamos. Gracias por enseñarme quién eres en verdad, ahora que he visto que no eres lo que quiero ni lo que espero del amor puedo seguir mi camino y continuarlo, con un poco de dolor que me amargará por el momento, pero no para toda la vida.

Discutiendo conmigo misma

Viste todo tipo de señales, te fuiste y sabías que no debías volver, pero lo hiciste y terminaste el doblemente golpeada.

¿Por qué actuamos tan estúpidos cuando se supone que somos seres inteligentes?

Bienvenidos a la inexperiencia, a la insensatez, a la falta de cordura e inteligencia emocional, a la estupidez, a la piel joven, vigorosa, a los jóvenes.

Lograste romperme de todas las formas, amor no correspondido. En el fondo sabía que lo eras, pero quería intentarlo porque estaba segura de que eras el amor de mi vida.

Cuando estaba aquella noche en el sofá de mi departamento, con el cabello mojado y en pijamas, eran las 11 de la noche, me dije a mi misma que lo conocía. Dije: "El no haría nunca nada para herirme, él no diría ese tipo de cosas, solo está siendo duro conmigo para que me vaya, para que empiece a vivir por mí."

Me equivoqué, todo el tiempo estuve equivocada. Le sobrevaloré porque era lo único que tenía y no miento, le amé porque no tuve dignidad, le amé por qué dejé de vivir por mí para vivir por él, le amé con mi cuerpo, mis sentidos, mi alma, mi voz, mi tacto, pero eso es todo, y ese amor se fue al igual que él.

En mis sueños él me decía que éramos un amor no correspondido, que jamás estaríamos juntos, que buscara mi propio camino, que no tengo la culpa de lo que pasó, que merezco un amor verdadero y por eso me dejaba ir. En mis sueños él me daba un beso en la frente y me decía que fuera feliz. En mis sueños fue todo un caballero y me dolió perderle.

Si me preguntan si me hace falta, si le extraño, si le sigo amando, diría que no. Ya no necesito un peso en mi vida, ya no mendigo su amor, ya no necesito su vacante, sus besos hipócritas, sus manos sucias, su frío corazón. Ya no sigo esperando una última despedida apropiada, no, ya no le amo.

RESIGNACIÓN

Está bien. No borraré nuestras fotos, no haré como si nada hubiese pasado, no me arrepentiré. Solo seguiré adelante con tu recuerdo detrás de mí y aceptaré que tu papel en mi vida ha terminado.

Liberando mi orgullo

El que te hayas despertado un día decidido a dejar de amarme, lo he perdonado.

Las veces que le escribiste pensando que no me daría cuenta, lo he perdonado.

Los abrazos que dejaste de dar y los besos con sabor a mentira, todos los he perdonado.

Tus chistes malos y las ganas de golpearte.

Que te hayas marchado dando la razón al desamor.

El que digas que al pasar un mes ya me has superado, también lo he perdonado.

A tu espalda, diciendo que nada de esto importó.

Que ni te acuerdes de quien soy.

El que me hayas olvidado.

Y con las agallas que a ti te hicieron falta para pedirme perdón, yo igual te he perdonado.

Te solté cuando
dejé de seguir
esperando a
que regresaras.

Esta piel ya no es tuya,
se me ha caído,
la he mudado,
otro la ha tocado,
ya no te pertenece.

El tiempo no todo lo cura,
es lo que haces durante
ese tiempo.

Hay quienes deciden gastar en cigarrillos
y volverse adictos.

Existen amores como este vicio,
cuyos amantes eligen morir de amor
por adicción.

Quererte fue como un acto de suicidio

Dicen que el amor no existe y francamente lo pensé. Lo pensé después de haber sido amada y luego quebrada, pues, ¿quién no pensaría lo peor después de eso? Amas, amas y amas y luego se acaba, pero se supone que debemos aceptarlo. Empezamos a vivir diariamente amargados por algo que no tiene caso, por algo que no irá hacia atrás y muchos menos hacia adelante. Lo peor es que sabemos que nos hace daño y continuamos. Aceptarlo de repente se vuelve más difícil. Fue algo que quisimos, con lo que soñamos, vivimos y ahora, se desmorona y tenemos que ser espectadores de ello. Un día leí por ahí algo que hasta ahora me suena muy lógico: "Los amores se acaban, incluso las personas que en verdad se quieren, llegarán a separarse algún día".

Me moví cuando me di cuenta de que este lugar era demasiado cómodo y algo andaba mal. Era yo por no querer salir de mi zona de confort y mis pocas ganas de escoger el camino más difícil «la aceptación» y junto a eso «la partida» sin imaginarme que con el tiempo era el camino que me llevaría a algo mejor. Nos aferramos tanto al principio que nos olvidamos de nosotros. Quedarnos donde no nos quieren con la excusa de que allí "amamos" en realidad no es amor, es dependencia y también un acto de suicidio emocional. Si se ha acabado es porque, ¡se acabó!, no puedo decírtelo sutilmente.

Claro que fue bonito, claro que quisimos haber hecho más, claro que estaba dentro de nuestros planes, pero no hay nada más que podamos hacer, los planes han cambiado, es hora de movernos y pasar a la siguiente página.

A veces creemos que amamos, pero presta atención, amar no es un problema más para ti, es un complemento. Amar no nos absorbe, nos hace ser mejor persona. Amar no nos detiene, nos hace crecer. Amar no duele inútilmente, el dolor es compartido y eres feliz.

No cambiamos de dirección por miedo, hoy te digo que lo intentes. La oportunidad que le diste a esa persona comienza a dártela a ti, ¡la mereces! El amor únicamente no existe si no te quieres tú, así que, ¡desapégate ya! y prepárate para ver cómo después de esto cambia tu escenario.

27 de febrero de 2017

El arte de despedirse

Quemé tu fotografía y con eso te dije adiós.

Antes de hacerlo, la miré muy bien y recordé tu rostro que había olvidado porque ya hacía mucho que no lo veía.

En ese instante partiste mi corazón nuevamente, había llegado el momento en el que tenía que mirarte en foto porque en persona ya no podía.

Te habías ido realmente, con todo nuestros buenos momentos que ya no recuerdo porque solo dejaste los malos.

Te escribo otra carta más de las que ya te he escrito con anterioridad, pero esta es diferente, esta soy yo despidiéndome por enésima vez de ti con la diferencia de que esta vez será para siempre.

Todo esto lo hago con mucho dolor dentro de mí y no sabes cuánto, porque sé que a además de ser una despedida es una promesa a mí misma de no volver a ti jamás y no volver nunca más a lo que me hizo daño.

Sé que este es un dolor que no puede conmigo porque más tarde me lo agradeceré, pero es necesario quemarte a ti y a todos nuestros recuerdos, es necesario esta promesa y mantenerla, es necesario esta despedida.

Encendí una vela dentro de una botella y después de mirarte por última vez te coloqué dentro de ella junto a esta carta, encendí una triste canción y vi consumirte mientras yo me consumía en lágrimas que se despedían de ti y a la vez de mí porque nunca volví a ser la misma luego de soltarte.

Me desprendí de todos los clavos que enterraste en mí y aunque el olvido no me hizo efecto inmediato, me liberé de estas cadenas, sané mi alma y cerré mis heridas.

Entender que a lo largo de tu vida
perderás personas es
madurar.

Renunciar a ti

Hoy quiero:

Renunciar a lo que amo
y al mismo tiempo duele.

Renunciar a aquellas despedidas ficticias,
para hacer de esta real.

Quiero renunciar a la palabra "nosotros"
y emprender mi propio camino.

Quiero renunciar al masoquismo,
a lo tóxico e interesado.

A este cuento abrumador,
a la princesa y el príncipe encantado.

Por eso,
hoy renuncio al pensamiento
de que tú lo eras todo.

Te doy mi espalda con un "adiós"
para voltear mi rostro y decir
"hola" a lo que siempre
estuvo detrás de mí.

Porque renunciar a ti
significa volver a mí;
volver a mis sueños,

volver a mis sentidos,
volver a sonreír,
volver a creer en mí,
volver a mi camino,
¡volver a ser feliz!

Te cierro finalmente la puerta
a esta oportunidad para
brindármela a mí.

Amor sigues siendo,
pero ya no de mi vida.
Te quiero,
no lo dejaré de hacer,
pero ahora me quiero más a mí.

Antes pensaría que si me rindiera ahora sería una cobarde, pero lo he intentado todo hasta el punto de perder quien soy, ¿no fue eso más que suficiente? Por eso, hoy renuncio al pensamiento de que tú lo eras todo. Tal vez lo fuiste, pero ya no estás, ni estarás y al fin lo entiendo... que hay muchas cosas a parte de ti que me están esperando y yo me detuve por creer que tu corazón seguía aquí conmigo. Te dedico un verdadero adiós, porque renunciar a ti es volver a mí y volver a mi es

volver a todo lo que me pertenece.

Viernes 3 de agosto de 2018

Ahora lo entiendo todo. Esa paz que llega después de soltar(te), olvidar(te), dejar de querer(te). Lo que no entendía antes y ahora entiendo, es que fue demasiado difícil dejar(te) ir, dejarte escapar de mis manos cuando no quería, dejarte tocar puertas con diferentes destinos y que en ellos no estuviera yo, mirarte darme la espalda, secarme las lágrimas, escuchar mi corazón rompiendo mientras el tuyo se liberaba, perder la fe mientras tú la recuperabas, extrañarte y no poder decírtelo, intentar olvidarte y pensarte más, mirar mis manos y que me falten las tuyas, sentirme a la mitad sin ti, rota, muriendo de amor... Sobrevivir a todas estas etapas de un maldito duelo que duró casi un año me hace sentir que después de este tormento no hay nada que pueda conmigo. Creo que una de las peores sensaciones es seguir queriendo algo que ya no te quiere, apegarse para desaprender y seguir adelante, pero hoy, puedo saborear una noche sin ti y sentirme feliz. Hoy puedo soñar y sentirme con derecho de hacerlo, hoy puedo sentir la paz y tranquilidad que llega después de luchar tanto. Hoy creo que hay mejores cosas que una relación afectiva, como: Los amigos, el trabajo, las metas, los sueños y todo lo que no vi por pensar que tú lo eras todo. Superarte, fue difícil, pero qué fácil llega todo ahora que ya no siento nada por ti, es como si ahora todo encaja conmigo y yo con todo. Si esto tuviera un nombre le llamaría libertad.

Qué alivio pensarte y que no duela. Qué alivio tragar y no sentir nudos por mi garganta. Qué lindo que mi corazón se acelere por una nueva persona. Qué bien se siente la libertad cuando se aprende a soltar, cuando dejamos que todo se vaya para empezar a recibir. Qué bonito se siente estar en paz. Qué agradable que todo fluya y choque con cosas buenas, nuevas, diferentes. Qué justo que tú estés allá y yo acá.

Aprendí a sonreír sin ti

Cada que sonrío para mí me alejo más de ti.
Ya no se debe a tus mensajes, ni a tu presencia,
ya no mido mi estado emocional por tu indiferencia,
ya no estoy a la expectativa de llamadas que jamás
aparecerán.
Ya no te espero, ahora me espero a mí.
Espero que todo siga como ahora,
tu allá y yo acá.
Había olvidado lo reconfortante que es sonreír porque
solo lo hacía por ti y por ti dolía.
Qué estupidez lo de pensar que la vida no tiene ningún
sentido sin ti, cuando… ¡Sin ti la vida es completa!
Qué maravilloso el sentirse completamente amado por
personas que te aprecian, que destrozado por un amor a
medias como el tuyo.

Estás lleno de besos baratos y presencias efímeras,
algo que un día necesité, pero hoy decidí que ya no.
Hoy elijo una vez más lo que elegí hace un tiempo
y no eres tú.
Elijo a mis amigos que no consideré por considerarte a ti,
elijo amaneceres llenos de esperanzas y en ellos no estás tú,
elijo pasar la página una vez por todas y cerrar este capítulo,
elijo cambiar tu amor por uno verdadero, el propio.

Al quererte, tú me ganaste, sin embargo,

yo perdí porque te di lo mejor de mí.
Ahora que todo terminó ya no seré la misma,
uno nunca sigue siendo el mismo después de estas cosas.
Ahora seré mejor, porque habré encontrado en mi lo que
un día perdí en ti.

Eres uno de esos errores en mi vida de los que estoy
profundamente agradecida, porque al final me enseñaste el
verdadero significado de sonreír y no tiene nada que ver
con tu nombre.

En resumen, gracias a ti me encontré a mí.

P.D. Sonríe por quien de verdad te merezca, no por quien
creas que te merece y, sobre todo, sonríe por la única
persona que pasará el resto de la vida contigo, tú.

Caminar conmigo

Todo el tiempo tuve miedo
de un camino diferente al
que ya estaba acostumbrada.
A de repente,
caminar sin ti
y no escucharte los
pasos a mi lado ya,
porque sin su sonido
no me siento segura.
A caminar sin ti
y de repente encontrarme
sola y perdida.
Que el camino que
estoy tomando me
llevara lejos de ti cada día más
y que eso borrase todos
nuestros recuerdos.
Pero,
entre el miedo y el pánico
que eso causó en mí
encontré una fuerza,
me armé de valor para
empacar y entendí que:
Caminar sin ti es
dar verdaderos pasos.

Es no sentirse abandonada
porque estoy conmigo.
Es ir a una velocidad
exacta en armonía
con mis pasos
y tener el control
e independencia.
Que caminar sin ti
es caminar hacia
una meta y sentirse vivo,
y en algún punto,
libre y amado.
Es estar más lejos de ti,
pero más cerca de todo
lo que me pertenece.
Porque caminar sin ti
significa caminar por mí,
día tras día,
hora por hora,
segundo a segundo.

15 de octubre de 2017.

Carta de agradecimiento

Gracias por irte, me dejaste lecciones de vida. Me duele mi orgullo, mi cuerpo, mi alma, eso en lo que te metiste y saliste sin arrepentimientos. No te miento, extraño nuestras conversaciones, los temas que solíamos debatir, cuando te dejaba sin palabras, cuando me hacías meditar. Los buenos días por la mañana, las llamadas por las noches, tus risas a mis malos chistes, cuando solíamos comer juntos, nuestras salidas, tus oídos que me escuchaban, tus silencios, tu mirada, tu voz, tu presencia, tus manos... Todavía al recordar todo esto se me hace un nudo en la garganta y se me cristalizan los ojos. ¡Madre mía, fueron 8 meses! Extraño la persona que eras, pero puedo encontrar a alguien mejor. Extraño los pequeños detalles, pero solo porque ahora estoy sola. Eres reemplazable, puedo encontrar las mismas cosas que encontré en ti en otra persona diferente, esas que saben que quieren, de los que aman y no abandonan. **Dejaste de ser mágico cuando te desvestiste de aquella magia y demostraste tu verdadero tú.** Te dejé de amar, porque odio el engaño y tú estabas lleno de eso. Gracias por enseñarme a golpes lo mucho que valgo para estar con alguien como tú, gracias y disculpa por pensar que eras todo para mí cuando ahora no eres nada más que un conocido. Yo al igual que tú, ya he cambiado.

12:00 a.m. (medianoche)

Estoy en un lugar, un lugar donde no te veo, donde no sé dónde estás, donde nadie habla de ti porque no saben quién eres, no saben que existes. Estoy a kilómetros de ti, a muchas carreteras de sentirte y es liberador pensar que estás así de lejos de donde estoy yo, que no puedo tocarte, no puedo tenerte, no puedo saber que tal te va, ni que me cuentes de tus planes o si eres feliz mientras tomamos una cerveza porque sabes que me encanta, pero lo olvidaste y es liberador saber que ya no recuerdas ni siquiera ese detalle de mi porque si tratamos de acercarnos solo sería para volvernos más extraños. Así que sí, son las 12 con un pronóstico de medianoche fría y es completamente liberador beber esta cerveza sin tu nombre, sentarme junto a un extraño y sentirme finalmente estable.

24 de enero de 2018

Comienzos

Todos tenemos un pasado y circunstancias que muchas veces nos impiden seguir caminando. Yo tengo las ganas de cambiarlo, de mejorar y desde ya sé que no será sencillo, pero por algo existen los comienzos como en cada amanecer, de alguna forma tiene que empezar el día, ¿no? Pues, de alguna forma tenemos que encontrar la manera de empezar.

Mi transición

He visto como pasa el tiempo y cambian mis transiciones. He visto que la vida sigue siendo vida sin ti y que soy la misma, pero ahora mejor. Que el tiempo sigue su curso y no me he quedado atrás. Que al perder 200 veces tratando de despedirme de ti, logré ganar una vez. He visto que el perdón no es suficiente para otras personas, pero solo basta con saber que es suficiente para uno mismo. Que los sentimientos desaparecen sin necesidad de un olvido y el corazón vuelve a latir por otra persona.

Camino por las calles que me recuerdan a ti, a lo lejos contemplo un nosotros lleno de lo que intenté innumerables veces y en lo cual fracasé tremendamente. Visualizo lo que un día me hizo feliz y me destrozó. Veo un nosotros que ya no importa y que dolió en su tiempo. Me veo a mí caminando hacia ti mientras tú te alejas. Puedo vernos y sentir un mar de emociones arrastrándose hasta mis entrañas, pero también veo un yo, un yo dejándote partir, un yo que te siguió queriendo, pero que eligió quererse más a sí misma. Veo una firme determinación, veo una decisión tomada, veo un tiquete de ida sin vuelta atrás.

La transición es realmente irónica, costó entrar en ella por seguir aferrada a lado de quien ya se había ido. Han pasado

90 días desde que ambos ya no estamos y he visto que duele menos que ayer, que mañana será más fácil que hoy, que esta piel está mudando y ahora ya no te pertenece, que las heridas van sanando poco a poco, que se aprende a vivir con las cicatrices y que el tiempo generosamente se las lleva. He visto que despedirse no siempre es algo malo y que un hola puede ser la bienvenida a mejores cosas. He visto un chico mejor y se me ha ido la idea de que tú lo eras todo. Supongo que estoy llegando al final, al final donde no recuerdo ni siquiera tu nombre. A un final donde me quiero lo suficiente para querer a otra persona. Ya he visto mi transición, ya la he aceptado, ya vivo, ahora soy feliz.

Me tomó casi 1 año dejarte ir,
pero al menos sé que ahora
no pienso volver a
buscarte.

Yo solo sé de escribir lo que siento,
por eso dejé de escribir sobre ti.

Nos escondemos todo el tiempo detrás del abandono
sin darnos cuenta de que no existe un abandono.
Lo que pasa es que todo termina y las personas
cambian. Todo es reemplazable y alcanzable.
Todo tiene una fecha, un final
y un punto y aparte.

Y no importa qué tanto quieres algo. Si ese algo no
llega a ti, si no encaja, si estás forzando,
si te daña, déjalo ir cariño… con dolor,
con rabia, como quieras, déjalo ir
y mejores cosas vendrán.

¡Qué ironía!
Algunos rompiendo
y declarándose libres
y otros queriendo
compartir su libertad
con alguien más.

Oye bonita, ¡tranquila!
Tu corazón dejó de latir por
un pendejo para empezar
a latir por un
caballero.

Muy **bonita** para llorarle,
muy **inteligente** para insistirle
y muy **valiosa** para rogarle.

Y aunque mi año se haya ido sin ti,
se ha ido conmigo y eso me basta.

Prometo ser mi propia **heroína**
en medio de todo tu **caos.**

Dejé de besar el suelo
y a personas equivocadas.

Y terminé contigo cuando dejé de mencionarte en mi vida.

No te dejes morir sólo porque te han dejado, ¡no! No te descuides ni te olvides muchos días de ti por pensar en ella o él, se ha ido y lo más seguro no volverá, porque la verdad es que cuando le importas a alguien, no se arriesgaría a perderte y te perdió, ahora por favor tú no te pierdas a ti mismo, ¡impórtate más! Llórale un día, unas semanas porque te duele y es normal, pero luego levántate de tu cama y mírate al espejo, sécate las lágrimas porque ya fue suficiente. Demórate en la ducha, come tu plato favorito, ve a ese lugar que siempre quisiste ir, sal con tus amigos, ¡reinvéntate! Porque créeme, la vida siempre está dando vueltas y algún día te encontrarás con ella o él, pero no te va a recordar más que el trabajo que hiciste en ti, por ti gracias a esa persona. Las relaciones que no funcionan siempre nos dejan un por qué, una lección, ¡descubre la tuya! Porque cuando eres capaz de superar un corazón roto y renacer de él, eres capaz de superar cualquier cosa. No te olvides de ti, **reinvéntate.**

ETAPA 6

RENACIMIENTO

"Tu partida fue el inicio de mi vida, algo como…
¡Volví a nacer y ahora más fuerte que nunca!"

Y, ¿qué hiciste?

- Agarré mi dignidad desde el suelo y
  me levanté.

La vida va muy rápido, la gente cambia, el amor se enfría y los corazones se quiebran, pero ante esto podemos ver a las personas más valientes del universo, aquellas que decidieron mantenerse de pie aun cuando estaban a punto de caer.

ESCOMBROS

Cuando todo empezó a desmoronarse, yo empecé a desmoronarme también. Tuve que recoger mis escombros, reunirlos y hacer algo con ellos, no podía solo dejarlos tirados. Ver mis escombros me asustó. Me dio tanto miedo verme tan rota y caminar incompleta, pero al intentarlo logré reunirme y al reunirme reuní mi alrededor y lo que un día se desmoronó.

Aprendí desde las más profundas soledades
que estar conmigo ya no me asusta.

A mi yo de hace 3 años:

Cuando te avientes al mundo y este haga un hoyo donde caer, prometo que allí encontrarás la salida. Cuando te enamores y lo entregues todo, podrás recuperar algunas partes de ti. Cuando te duela el corazón, estarás procesando el dolor para convertirlo en fuerzas. Cuando te estanques en vicios, en un mismo círculo y ya no sepas quién eres, estarás encontrándote contigo mismo. Cuando estés a punto de rendirte, la vida te dirá que no lo hagas. Cuando pase el tiempo y siga doliendo, será porque te faltará todavía entender algunas lecciones. Cuando muestres las heridas y te veas destruido, renacerán de ellas nuevas cicatrices y entonces naceré yo, quien te escribe esta carta para decirte que nada de lo que te pase será más fuerte de lo que podrás soportar.

Sentimos diferentes tipos de dolores
y de cada uno nos hacemos una persona diferente.

Llegué a casa y
me arrodillé una vez más.
Al mirarme al espejo
después de levantarme
miré que ya no era yo.
No sé lo que vi,
pero no me reconocí.

Al perderme,
perdí mis sentidos,
perdí quien era y
todo lo que tenía.
Y es que creo que a
todos nos ocurre lo mismo
aunque sea una vez.

Nos perdemos,
nos abandonamos,
renunciamos a todo,
escapamos
y desaparecemos.
Queremos algo,
tal vez averiguar quiénes somos.

Me miré al espejo y
me percaté que estaba
mojada por la lluvia,
porque ni siquiera la sentía.

Me ahogué por primera
vez en mis instintos.
Yo en verdad me perdí,
pero fue al perderme
que aprendí a encontrarme.

Lo más complejo fue mirarme ante la nueva realidad.
Ya no era la misma de antes. Mientras que los demás
seguían con su misma vida, la misma gente o las mismas
cosas. En ese momento entendí que no tenía que vivir
igual a otros, solo tenía que vivir como yo.

Corté mi cabello para no cortarme las venas

Corté mi cabello desesperadamente para cambiar
algo en mí buscando la manera de resolverme.

Corte mi cabello en tiempos de crisis para buscar
una nueva oportunidad, para cortar el presente y
olvidar mi pasado.

Corté mi cabello para no cortarme las venas,
para olvidarme de ti.

Corté mi cabello para que me acompañara con el tiempo,
para mirar hacia el futuro buscando respuestas,
buscando paz, buscando cualquier cosa parecida
a una salida menos a ti.

Corté mi cabello buscando mi nueva yo
y me enamoré de mí, abriendo nuevos caminos,
otros comienzos, poniendo en marcha todos mis sueños
y dejando atrás mi pasado.

Corté mi cabello y fui libre y cuando creció
ya no era la misma de antes,
yo había crecido tanto como él.

Emborracharme,
romperle el corazón a alguien,
darle la espalda a quien más me necesitaba,
vender mi amor propio...
Las mejores lecciones surgieron de malas decisiones.

Hubo una época en donde llamé amor a todo lo que se me presentaba en mi camino. No sabía dónde encontrarlo. Me herí a mí misma en creer demasiado, en confiar tan rápido, en dar absolutamente todo de mi a lo que se me cruzara de frente y pronunciara un "te quiero". Lloré por muchos y por tanto pensando que el amor también dolía y era así de fuerte. Me desgasté completamente sacrificándome ante tantas personas que no se sacrificaron por mí, pero, nunca nada de esto dolió tanto como cuando me di cuenta de que el amor en realidad estaba en mí y no en nadie más. Hay cosas que desearía no hubiesen pasado para ahorrarme tanto dolor, pero cuando algo sucede aprendemos que hay dolores que marcan y hay cicatrices que además de notarse están allí para transformarte completamente.

Hay cosas que se han ido de repente y me tocó despedirme, otras que permanecen y las guardo conmigo y otras más que han llegado y me ha tocado recibir. Hay mañanas en las que me levanto y de repente algo cambia, hay noches en las que duermo y siento que nada ha cambiado, pero todo sin excepción forma parte de mi transición y soy paciente conmigo misma. El mejorar esta dentro de mi rutina, de mi día a día, de las cosas que me suceden, del dolor y de los recuerdos, de lo que hago y me hace feliz. *Mejorar* es una palabra que está completamente presente en mi vida, la *aceptación* es bienvenida y de allí nacen mis cambios. Todo lo que pasa, todo lo que transita, todo lo que deja de ser o llega a ser es parte de reinventarme y he aprendido a hacerlo poco a poco a mi propio ritmo, sin prisas, sin comparaciones, sin miedos y sin mirar atrás.

MIS EXES

Ellos me enamoraron, me hicieron feliz y luego triste. Me hicieron amarlos y luego odiarlos. Me hicieron sentir viva y luego me rompieron el corazón, pero ellos no solo fueron amores, fueron lecciones. Ellos no solo fueron romances, fueron aprendizajes. Ellos no solo me enseñaron, ellos *me prepararon*.

OJERAS

Que tus ojeras sean por amar y no por odiar, que sean porque te sacrificas por tus sueños o por quien te ama, que sean por desvelarte haciendo lo que te gusta. Espero que estén tan pronunciadas porque has reído tanto y eres feliz, pero no te preocupes, que si son por haber llorado solo demuestran que eres humano.

Que mires hacia atrás y no te duela,
que mires el futuro y no te asuste,
que mires tu presente y lo disfrutes.

De todos estos años lo único que queda de ti
es todo ese dolor que dejaron las personas pasajeras.
Que todos los días te suenas la nariz y
yo sé que eres tú otra vez llorando,
pero lloras cada día por cada cosa distinta y
a veces veo como que te amargas.

Nunca podrás quitarte tanto de encima;
Tantas espinas,
tanto dolor,
tanto rencor,
tanto tóxico,
tantos recuerdos,
tanto daño,
tanto y tanto,
tanta mierda,
y tanto ahogo.

Tienes odio dentro de ti
y tratas de encontrarle el chiste a la vida.
Te pones la ropa interior y no combina,
pero ya no te importan esas pendejadas,
tienes la mente enfocada en algo más importante,
quieres ser feliz.

Tienes tantos secretos que se desbordan en tus ojos
y a través de tus manos los dibujas en letras

que gritan tu voz,
que se pierden fácilmente en los silencios,
en la oscuridad,
en los años
y regresa a ti para esconderse porque
los secretos son secretos.

Mi niña hermosa vulnerable y fuerte,
no falta mucho para que la vida te sea justa
de una vez por todas.
No falta mucho para que seas feliz y
estés en el lugar que mereces.
Porque mereces olvidar tu pasado y
toda esa porquería que te hinchan los hombros.
Porque mereces desenterrarte del alma a toda
persona que te dañó y desinfectar tus heridas
para cicatrizarlas bien.

Sé que hace tiempo que ya no crees en el karma,
que te decepcionó por alguna razón,
pero me dice que te prometa que no llegará tarde esta vez,
que no pierdas la fe del todo
y que esperes por él.

Solo quiero mirar hacia atrás para darme cuenta de que estoy haciendo todo tal y como lo he aprendido.

Días lluviosos (La tormenta)

Extraño los días lluviosos en los que solía ver todo gris como mi mente y mojado como mi rostro. Exacto, en los que acostumbraba a estar destrozada, porque se volvió un estilo de temporada. En los meses de octubre hasta diciembre donde más llovía en mi corazón y lo permitía. La época más necia de mi vida, donde nunca salía el sol y secaba. Por un momento perdí la dirección de hacia dónde iba, pensando solo en mí, siendo egoísta. Tratando de obligarme a quedarme en el hueco en vez de buscar la manera de salir de él. Cegada por la falsa esperanza y mi propia necedad, tropecé y la lluvia aumentó hasta llegar a ser tormenta, para probar hasta dónde podía seguir luchando con una gran palabra clavada en mi frente que decía "tonta". La abracé y aprendí de ella lo vulnerable que soy, que las cosas no saldrán siempre como espero y de que nada es para siempre. Estoy hablando acerca de un día a día, la salud mental, relaciones toxicas, el orgullo, las despedidas y tú le seguirás sumando a la lista. Situaciones que se pueden salirse de nuestras manos y afectarnos prolongadamente si no tomamos control de nosotros mismos.

Hoy quiero decirte una verdad diferente, la tormenta nunca será eterna, pero siempre querrá volver. Demuéstrale lo que aprendiste de ella cuando controló tu vida. Demuéstrale que has crecido, o mejor aún, que no necesita volver a enseñarte acerca de lo mismo, porque has salido adelante y te mereces apreciar el sol y la luz que el cielo también puede dar.

¿Has cometido errores? Pues de eso se trata. ¿Has odiado? Pues no te culpo, yo también lo hice, pero llega el momento de decir, ¡basta! Porque seguir adelante significa dejar de odiar para entender, dejar de lamentarte por lo que pasó y comenzar a aprender de tus errores. El "por qué" siempre existirá y tú tienes que buscar las respuestas. Si hoy te encuentras en la tormenta sólo quiero decirte, ¡abrázala! Y aprovecha todo lo que te dé y llora, llora todo lo que puedas, porque no se quedará para toda la vida, lo creas o no, todo pasa.

Tomamos malas decisiones, creamos problemas, tenemos defectos, destruimos con las palabras, juzgamos a través de la mirada, pensamos en el peor escenario, fallamos todo el tiempo, fracasamos, tocamos fondo, arruinamos la historia de alguien más, escribimos mal la nuestra, nos quejamos, venimos mal fabricados, ¡somos nuestro propio caos! ¡Joder! A pesar de todo, nos las ingeniamos para encontrar el camino y salir hacia adelante de alguna manera, da igual como sea.

No estás roto, solo estás herido.

No tienes problemas, sólo tienes circunstancias.

No eres miserable, solo pasas por un mal momento.

Carta a mi yo interior

Estoy orgullosa porque no te rindes. Porque, aunque no pediste nacer sigues estando agradecida con la vida. Porque por más que te han querido tumbar no te dejas caer, por más obstáculos los enfrentas y aunque te perdiste en un momento de tu vida, te encontraste y no volviste a ser la misma, te convertiste en algo mejor.

Estoy orgullosa porque te reinventas cada vez que puedes, porque has aprendido a amar los cambios, porque has tenido el coraje de dejar sitios que, aunque te gustan no te dejan crecer. Porque, aunque muchos te han dejado de querer tu sigues queriéndote. Porque, aunque muchos te han abandonado, tu no guardas rencor.

Estoy orgullosa porque has dejado ir todo el dolor que había en ti hacia la vida, hacia la gente, hacia las cosas y ya no estas atada, ya no te aferras, ya no eres dependiente porque has aprendido a base de golpes que es toxico. Te costó miles de lágrimas aprenderlo y entenderlo y ahora que te veo eres fuerte, independiente y autosuficiente. Estoy orgullosa de tu evolución, porque para que seas tan grande como eres ahora el mundo te tuvo que poner muy pequeña, pero no te quedaste allí, ¡avanzaste!

Estoy orgullosa porque no necesitas demostrar lo capaz e inteligente que eres a nadie más, se desprende de tu piel, tanta magia que traes en ti, tantas hermosas cicatrices que denotan tus recorridos, que esas son tus canas y se siente. Estoy orgullosa de ti, de quien eres, estoy feliz de que existas y quiero decirte que no me canso ni me cansaré de decirlo, que yo estaré aquí a tu lado todos los días para decirte lo orgullosa que estoy de tenerte.

Atentamente: Tu yo interior.

Las cosas empiezan a cambiar cuando te das cuenta de que mereces algo mejor.

Me importa quién eres,
con tus fallos y caídas.

Me importa quién eres,
con tus cicatrices y nuevas heridas.

Me importa quién eres,
aunque la gente hable de ti.

Me importa quién eres,
aún si te quejas todo el tiempo.

Me importa quién eres,
con el alma rota, vacía, muerta.

Cuando estas hecho pedazos,
me importa quién eres.

Aunque ni ganas te de la vida
y hayas perdido los colores.

Aún si tu apellido no combina con tu nombre
y quien te lo haya dado solo sea un desconocido.

Aún si no te has resuelto,
me importas quién eres.

Tan existente e invisible.

Me importa quién eres.

VACIOS

Creo es que es normal sentirse vacío y esto no significa que como persona no tengas nada bueno que aportar. Puedes ser una persona extraordinaria, con buenas cualidades e incluso recursos y sentirte sin nada adentro. Puedes quedar vacío por tantas decepciones, fracasos y circunstancias. Si estás vacío, ten cuidado con qué te llenas. Si estás vacío ten cuidado con quien te apegas, porque la gente se aprovechará de ti y tienes que cuidarte de llenarte de cosas banales por miedo a la soledad. Prefiero decirte que los vacíos no se llenan con algo o con alguien. Los vacíos no se venden por cosas baratas. Los vacíos no están disponibles si se trata de cosas efímeras. Los vacíos los llenas tú cada mañana al mirarte al espejo y darte los buenos días. Los vacíos los llenas tú cada noche al felicitarte por haber dado lo mejor de ti en ese día. Los vacíos los llenas tú con tus talentos y logros. Los vacíos los llenas tú cuando crees en ti, que eres maravilloso y apuestas por ti, por intentar algo nuevo e innovar. Los vacíos los llenas tu cuando persigues lo que quieres y no te rindes. Los vacíos los llenas tú y solo tú sentirás las satisfacción real y completa cuando los llenes por ti.

QUIERO QUE TE AMES

Que te ames cuando estés bien, seas fuerte, invencible e imparable. Quiero que te ames en tus mejores momentos con tus mejores sonrisas. Cuando tengas los cachetes colorados porque te dijeron lo hermosa que estás y cuando tengas el corazón a millón por hacer lo que tanto te apasiona.

Quiero que te ames en tu primer día en la universidad, en tu primer día en el trabajo y en tu primera cita. Quiero que te ames cuando se te eriza la piel porque estás a lado de quien tanto te gusta. Quiero que te ames cuando le creas decirte que te ama y quiera estar contigo. Que te ames cuando le digas que lo amas. Que te ames en su primer año juntos y el día de su aniversario. Quiero que te ames, aunque ya estés enamorada.

Que te ames cuando decides peinarte el pelo largo y cuando decidas cortarlo. Quiero que te ames en el desayuno, al medio día cuando almuerzas con amigos y en la cena cuando estás sola. Quiero que te ames en todos tus éxitos, que ames tus pies y ames tu camino. Quiero que te ames en medio de todo lo bueno que hay en tu vida, pero también quiero que te ames en tu otra cara de la moneda, cuando no estás bien, seas débil y vulnerable.

Quiero que te ames cuando estés en tus peores momentos y ya no tengas sonrisas. Cuando derrames en tus mejillas lagrimas porque te rompieron el corazón y ya no tengas ganas de nada. ¡Quiero que te ames en tu peor día cuando todo salga mal! Cuando vivas una noche llena de besos, abrazos y caricias que nunca imaginaste y se olviden de ti.

Quiero que te ames cuando te mientan, cuando te des cuenta de que solo jugaron contigo, ¡allí quiero que te ames más que nunca! Que te ames cuando digan que ya están cansados de ti. Quiero que te ames cuando decidas buscarlo y él ya se haya olvidado de ti, cuando le digas te amo y el ya no lo sienta, cuando le pienses y tú ya no le pases por su mente.

Quiero que te ames cuando terminas una amistad o relación. Cuando tengas que soltar, renunciar y reconocer que todo ha cambiado. Que te ames cuando no entiendas nada, cuando no encuentras respuestas, cuando todo te parece un enigma que te cuesta resolver. Quiero que te ames cuando estás por los suelos y que tu amor sea tan grande como para levantarte. Que te ames cuando nadie te llame, nadie te busque, nadie se acuerde de ti. Cuando se olviden de tu nombre, quiero que te ames.

Quiero que te ames cuando no aprendes y te tropiezas con lo mismo. Que te ames cuando estas a punto de decirte el insulto que crees merecer. Que te ames cuando te miras en el espejo con esos kilos de más o esas libras de menos.

Quiero que te ames, aunque tus padres no lo hagan y ya no sientas ganas de vivir. Cuando no quieras salir de tu cama, cuando quieras un abrazo y nadie este. Quiero que te ames, aunque sientas que todo está en tu contra y veas casi el fin de tu mundo. Que te ames lo suficiente para que te seas paciente, para que sanes y te reinventes, para que esperes por ti.

Quiero que te ames desde que amanece hasta que anochece. Que te ames desde hoy hasta para siempre. Que te destruyas y te construyas. Que seas tuyo o tuya. Que estés solo para ti.

Escrito algún día de diciembre de 2019.

Me empiezan a aburrir las selfis y cuando abro mi álbum
del 2016 me encuentro muchas igual a esas.
También encuentro fotos de gente que ya no están,
pero que pasé buenos momentos a su lado.

Amores, amigos y familia se han ido,
hasta mi yo del pasado abandonó mi propio cuerpo
y me ha dicho que no quiere regresar.

Me empieza a molestar el esmalte en mis uñas
y prefiero usar poco maquillaje.

Me empieza a gustar más como soy ahora,
sin tanto esfuerzo,
al natural.

Quizá, estoy madurando y me estoy dando cuenta
que entre más la gente a mi alrededor quiere verse bien,
yo solo quiero paz.

Empiezo a sentirme bien conmigo,
en mi intimidad,
entre mis pensamientos,
en mi mente.

Empiezo a querer a la gente en libertad.
Comienzo a elegirlas en vez de necesitarlas.

Empiezo a entender el dolor y
a abrazarlo cada que me visita.

Empiezo a pagar con bien cuando me tratan mal
y ya no me preocupo por lo que dicen de mí.

Empiezo a entender que nada es mío
y que mi único propósito en esta vida es
ser feliz haciendo lo que hago.

Empiezo, y empezar se ha hecho placentero.

Que voy entendiendo el curso que da la vida.

25 de noviembre de 2017

Volvería a agarrarme con fuerza a algo para soltarlo,
porque el crecimiento no sucede mientras sostienes sino
cuando

aprendes a dejar ir.

Es allí donde nos sentimos solos que empezamos a **querernos.**

Es allí donde no sabemos quiénes somos que empezamos a **auto descubrirnos.**

Es allí donde nos perdemos que volvemos a **encontrarnos.**

Hay cosas que han dejado de herirme con el paso del tiempo. Que por más que las busco no las encuentro, que por más que quiera encontrar una razón de estar o una razón de ser ya no existen.

Hay lugares que siguen siendo iguales. Que por mucho que pasen los años no cambiarán, como la calle del semáforo donde crucé mil veces contigo, pero ahora ya no tiene el mismo sentido.

Hay recuerdos que se borran, en serio. Hay recuerdos que se pierden y no regresan jamás, no llegan, no se sienten, no se ven, se olvidan y pierden su poder, pierden su valor.

Hay personas que se dejan de querer, que dejan de ocupar un lugar importante, como cuando dejé de quererte y creía todo el tiempo que no sería posible, pero un día mis latidos dejaron de llevar tu nombre y mis sentimientos tu apellido.

Hay cosas de las que se encarga el tiempo y el tiempo se encarga de algunos cambios.

Cuando quise encontrar el amor empecé por mí misma.

Cuando empecé a buscar un sentido dejé de buscar respuestas.

Cuando quise encontrar la felicidad dejé de buscarla en personas.

Cuando empecé a buscar la paz comencé viviendo un día a la vez.

Cuando quise tener más bendiciones empecé a ser más agradecida.

Cuando quise cumplir un sueño comencé a visualizarlo y cuando quise que se hiciera realidad solo confié en el universo.

26 de enero de 2017

Los corazones más valientes
siempre vuelven a *reiniciarse*.

De: Mí
Para: Mí

Lo siento por las veces que te fallé al intentar evitar que otros te fallaran. Al final terminaron fallándote igualmente y no fue peor que cuando yo lo hice.

Lo siento por las veces que ignoré lo mal que te sentías, evitando que fueras franca para no incomodar a los demás. A nadie le importó y terminé lastimándote el doble.

Lo siento por decirte que bajaras la voz, la cabeza y las rodillas ante el mundo. Nadie lo hizo por ti y te permití dejar a un lado tu dignidad.

Lo siento por culparte por llorar cuando era lo único que necesitabas.

Lo siento por no secarte las lágrimas y por las palabras de aliento que nunca te dije. Te enseñé a esperar que los demás te cuidaran bien cuando era yo quien debía cuidarte.

Por eso, de mí para mí, lo siento de todo corazón por venderte a la dependencia emocional. Quiero que sepas que ahora te quiero y esta vez será una mejor oportunidad para nosotras de hacer las paces y pasar de vulnerables a inmarchitables juntas.

ESTOY CRECIENDO

Estoy conociendo a personas temporales, estoy viviendo experiencias pasajeras, estoy partiendo corazones mientras siento el mío romperse, estoy volteando páginas, estoy dejando sitios atrás, estoy soltando, *estoy creciendo*.

Entiéndelo, la vida te está pidiendo cambios. El tiempo corre, las cosas suceden y también pasan, el año se acaba y ¿dónde estás tú? Estás a punto de finalizarlo, de cerrar un viejo ciclo porque la vida te está invitando a crear uno nuevo. ¿A quiénes llevas contigo? Lo que no sirve déjalo atrás, lo que no está déjalo ir y aprende a valorar lo que tienes. Los días son muy cortos y tu deber es hacer que valgan la pena. No gastes tu energía, inviértela, no arruines un buen día y no te vayas a dormir sin antes perdonar lo que no pudiste controlar. Permítete crecer o la vida te obligará a hacerlo, no puedes escapar de eso. Estás acostumbrado a vivir en la conformidad porque es más cómodo, pero entiéndelo, no estás diseñado para vivir mediocremente, eso solo lo decides tú. No esperes que el año que viene sea mejor que el anterior, espera buenos inicios con retos a la mitad del camino y finales llenos de aprendizaje. Espérate más fuerte, capaz y sin miedos porque para eso te preparaste. No dejes que se te pase la vida por tus ojos y pasa delante de la vida para que te des cuenta de todo lo que te da. Agradece, vive, acepta, deja ir, valora y continúa. El ayer ya pasó, el hoy es todo lo que tienes y el mañana será tu resultado de hoy.

DE ESO SE TRATA

De ir caminando y elegir la dirección equivocada. De seguirlo y correr en él porque es más sencillo. Se trata de elegir mal para aprender a elegir bien. De ser cobarde para adquirir coraje. De caer y levantarse. De probar el dolor para ser feliz. De tocar fondo y empezar de nuevo. Se trata de ser tonto una y mil veces para entender que de eso se trata la vida, de altas y bajas.

5 de marzo de 2017

Evolucionamos, nos reinventamos, renacemos, todo mientras vivimos y la clave está en entenderlo. Que a veces después de un hola hay un adiós. Que los inicios son hermosos pero las despedidas duelen. Que desapegarse es un proceso doloroso, pero el desprendimiento vale la pena. Que tendrás que amar y soltar, dejar ir y volver a intentarlo porque las segundas oportunidades sí existen. Que la felicidad no llega por nada ni por nadie, te la das tú mismo y para entenderlo tendrás que golpearte una y un millón de veces. Que así es la vida, bonita y complicada, ¡pero tú eres el protagonista y el director de ella! Que mientras muchos se lamentan por su presente, tú estás creando un futuro a base de esfuerzo y eso mi querido amigo es seguir adelante, es evolucionar, es reinventarse.

Quiero que sepas que no me importa lo que hayas hecho
en el pasado, me importa cuando dejas que eso te defina.
Quiero que sepas que yo te he perdonado, solo falta que
te perdones a ti mismo. Quiero que sepas que la vida
te ha abierto nuevas páginas, sólo tienes que
cerrar un capítulo.

Y de pronto... te sientes bien, vives el presente, no importa quien no te valoró o quienes decidieron irse. Observas lo nuevo que llega, aceptas los cambios y agradeces lo bueno que hay en tu vida. Te sientes satisfecho.

REGLAMENTO PARA <u>NO MORIR DE AMOR</u>

Nunca vuelvas donde te hicieron daño,
o donde te hiciste daño.

Escribo desde mi almohada, sin ganas de levantarme.
Escribo desde mis sábanas, porque me abrazan cuando lo
necesito.

Y es que hay días en que amaneces de una manera en la que
ni tú mismo te entiendes y no quieres contarlo a nadie, no
sabes cómo explicarlo, quieres ver a todos felices. Así que
mejor escribes algo que vaya dedicado a ti, a este día y a los
demás que pudieran sentir de la misma forma.

No tendría mucho que contar, pero amanezco con un
corazón desordenado.
No me quedaré tirada esta vez en la cama, también está
desordenada.
Hoy saldré a ordenarme, iré por aire fresco y mi propia
compañía.
Sonreiré a un desconocido, puede que lo necesite más que
yo.

Hoy escribo desde mis lágrimas que quieren brotar y
secarse.
Hoy escribo para ti, por si te sientes igual yo.
Porque no me cuesta nada contarte lo que me pasa y
decirte que por hoy no estás sólo, al igual que tú también
me siento de la patada.

Solo quiero decirte a ti y decirme a mí que no todos los días
sale el sol, no todos los días somos fuertes, no todos los

días estamos bien, pero eso también es un buen día, porque está dedicado para descansar mentalmente de todo y pensar en nosotros por un rato, no está mal.

Así que hoy escribo desde mis ganas de abandonar todo para decirte que; por hoy paremos de cuestionarnos a nosotros y a la vida, paremos de buscar respuestas y sólo sintamos un rato y entendamos que a veces
sientes así,
eres así,
es así,
y es normal.

A veces no todo lo que hacemos debería ser por alguien
más.
A veces debería ser por uno,
para uno,
en el nombre de uno.

No sirvas en la mesa todo lo que tienes.
Deja que la gente le cueste un poco llegar a ti,
que se haga notar a quién de veras le interesas.

La vida se te pasa

Cuando piensas en tu ex, cuando postergas tus sueños, cuando vives esperando a que pase en vez de hacer que suceda, cuando buscas el amor, pero el amor no se busca, te encuentra. Cuando vives anclado al pasado y piensas en lo mismo una y otra vez, cuando no aprendes las lecciones. La vida se te pasa así y tu ni cuenta te das.

Cada persona que quiera irse, déjala ir.
Cada persona que se va, déjala ser.
En serio, no pasa nada.
Pero no seas como en las películas:

1. No supliques.
2. No te ilusiones.
3. No te esperances.

Solo abre el tránsito, deja ir y deja entrar a las personas a tu vida. Quién te merece se quedará y quién no, solo se irá.

Hazme el favor de ser valiente y luchar por quien amas:
¡Por ti!

Reencuéntrate con el amor de tu vida:
¡Tu amor propio!

Y no lo dejes ir jamás.

Stalkear también puede ser una forma de
auto aniquilarse internamente.

Si, se fue de tu vida.
Así es, cambió.
Exacto, no te valoró.
Pues ese es el punto,
entender que no todo el tiempo se quedarán contigo.
Que muchas veces sucederá porque mereces algo mejor.

NUNCA PERSIGAS AL AMOR

Al perseguirlo lo visualizarás más lejos de lo que realmente está. Sentirás que no estás amando ni que eres amado, pensarás que estás tan incompleto que te crearás una necesidad. Llenarás tu impaciencia con menos de lo que mereces y te sentirás vacío. No persigas al amor y espera a que llegue a ti, porque si lo persigues ahora demostrarás que no estás listo para recibirlo.

No solo te enfoques en mirarlo como la primera vez lo hiciste. Míralo como aquella última vez, enfócate en lo que ahora te está demostrando ser.

Ten más secretos,
no cualquiera tendrá el derecho de conocerte tan bien
ni todos sabrán escucharte.

Incluso si te sientes cómodo en un lugar

donde te haces daño, mereces huir de allí.

No eres mala persona si no perdonas rápido,
en cambio, toma tu tiempo.
Es mejor perdonar tarde y sinceramente,
que perdonar ahora y fingir el sentimiento.

No te aferres a nada, todo es pasajero, todo viene y todo se va, todo llega por un propósito y se despide cuando lo ha cumplido. Todo es prestado, la vida nos los alquila; la familia, los amigos, el amor de nuestra vida, nuestros hijos, las mascotas, los bienes materiales, nuestro trabajo, todo esto pasa efímeramente para regalarnos momentos, experiencias y felicidad. Lo único que es nuestro y seguirá siendo nuestro es la vida. Por eso, no te aferres a nada, porque esto te causará dolor, porque aferrarse es insano. No te aferres a ilusiones ni expectativas, esto destruye, cree en una realidad. No te aferres a algo material, a tu casa, a tu ropa, a la tecnología, porque algún día se dañará y tendrás que reemplazarlo. No te aferres a las personas porque tarde o temprano se irán. No te aferres a un trabajo, existen millones de oportunidades más. No te aferres a nada, solo vive y adáptate cada vez que puedas. Solo vive, deja ir y sé feliz en cada momento que la vida te presta en este presente.

No desperdicies las oportunidades.
Cada puerta que se abre ante ti se ha abierto para llevarte
a lugares donde debes estar,
con personas que tienes que conocer
y momentos que debes sentir.

Algunas personas llegarán a tu vida y decidirán irse, esas no las necesitas, porque otras llegaran y se quedaran porque conocerte fue lo mejor que les pudo haber pasado, porque tú los inspiras, porque simplemente te merecen, esas son las que necesitas.

Brindar una segunda oportunidad
es una buena decisión, como también
no darla y elegir continuar.

Que cuando te encuentres sin nadie con quien festejar las buenas cosas que te suceden, aprendas a festejar contigo mismo.

La soledad sólo se disfruta cuando entendemos que la merecemos.

Nos cansamos de todo y renunciamos un rato. Al sumergirnos en la soledad nos dimos cuenta de que no es tan mala como la pintan y en ello nos reencontramos. Con un poco de meditación nos sorprendimos al descubrir lo mucho que quedaba por arreglar. Entonces al sumergirnos en la soledad nos dimos cuenta de que:

1. Empezamos a vivir por quien no vivía para nosotros y eso nos dañó.
2. Malgastamos incontables horas de sueño pensando en lo mismo una y otra vez.
3. Creímos haber perdonado el pasado, pero nos sigue consumiendo los recuerdos, nos engañamos, no lo hemos perdonado, perdonar no significa olvidar, el olvido no existe, perdonar significa recordar sin dolor y aún nos duele.
4. Continuamos culpando a otros cuando sabemos que la solución no consiste en eso.
5. Odiamos de manera enfermiza en vez de dedicarnos a entender el "por qué".
6. Seguimos clavados en la misma página sin poder pasarla, realidad: ¡Se ha acabado! Hay páginas en blanco esperando ser escritas y tú sigues aferrado a la costumbre y a la rutina.

¡Basta! Hoy te diré que la soledad sólo se disfruta cuando entendemos que la merecemos. No significa que estamos solos, la merecemos porque necesitamos dedicar tiempo a reflexionar lo que no podríamos estando acompañados.

La soledad no nos destruye como algunos piensan, construye nuestra autoestima lo que a su vez fortalece nuestra relación con nosotros mismos.

Está bien desprenderse de todo por un rato, está bien decir adiós a quien amamos, pero no nos quiere, está bien alejarnos de lo que nos perjudica, está bien tirar la toalla y decir: "¡No más!" Algunos lo llamarían ser cobarde, yo lo llamo amor propio.

Te juro que no entenderás cómo funciona la vida en los primeros intentos. Que te costará una y mil caídas y escucharás repetidas veces lo que debes hacer, pero no lo harás. Primero lo escucharás de tus padres, luego en la escuela, por parte de tus amigos, de algunos conocidos, lo leerás de poetas. filósofos, psicólogos, de la biblia. Todos lo hemos escuchado, poco hacemos. No tenemos miedo, pero si curiosidad.

Supongo que todas las personas que nos dan consejos querrán salvarnos, pero nadie puede salvar a quien no quiere ser salvado. Somos tontos, pocos nos entran, tardamos en procesar, nos victimizamos, vivimos con la culpa, nos arrastramos al pasado, dejamos que otros se den cuenta de nuestros defectos mientras que volteamos la vista hacia otro lugar menos reconocer que hemos fallado, menos aceptarlo.

¡Oramos! Oramos demasiado para que las cosas nos salgan bien, para que la gente esté equivocada, para que no sea tan grave romper las reglas, para que sea sencillo lidiar con las consecuencias... ¡Joder! Te juro que no entenderás cómo funciona la vida, pero al menos trataras de vivirla, bien o mal.

A veces no somos para alguien, ni ese alguien es para nosotros.

Me duele que te preguntes si se alejaron de ti por ser quién eres. Para quien no te valora, tú siempre serás demasiado. Demasiado joven, demasiado maduro, demasiado sentimental, demasiado frío, demasiado feliz, demasiado triste, demasiado completo, demasiado roto. Nunca serás suficiente, pero no se debe a ti, es él/ella. Le contaste demasiado de ti, sentiste que no te prestaba atención, ¿por qué seguiste? Sé que duele, te gusta demasiado, pero ella/él no siente lo mismo por ti, lo siento, alguien debe decírtelo. Eso no significa que hay algo malo en ti, ¡no! Es que a veces no somos para alguien, ni ese alguien es para nosotros. A veces nos ilusionaremos con la persona incorrecta y tendremos que equipar, agarrar las maletas y seguir el camino solos mientras encontramos a la persona correcta que no nos haga sentir que amar es difícil. Esto te lo digo a ti quien está desilusionado, llora todo lo que quieras y luego ya no llores más, porque esto no es amor, es solo una ilusión que ha sido rota y tú eres más grande que ella. Agarra tu dignidad desde donde la dejaste y olvida a esa persona que no te merece, hay muchos peces en el mar. Cuando es amor, no duele, cuando te merecen no hay lágrimas en vano, eres feliz, pero esas son cosas que no podremos ver a través de pantallas, más bien se sienten en vivo, se notan a través de las pupilas, el tono de voz, el lenguaje corporal, a todo color y transparencia. ¡Vamos! Esto es solo una lección más, si no te quieren, ¡allí no es! Ve y concéntrate en ti, date tu lugar y siéntate en el puesto que mereces.

A veces todo lo que pasa parece todo lo que debe pasar, pero no lo es.

No lo es, debe haber más aparte de todo esto. La vida no puede ser solo una dirección, pero sé que a veces se siente como si solo hubiese una y nos estancamos, a veces en un solo desplomo perdemos todo a la misma vez y es mucho para tan corto tiempo. Pero merecemos más historias, merecemos más comienzos, más finales y recorridos. Merecemos todo lo que hemos planeado y todo lo que queremos así que, debe haber más de lo creemos vivir en un instante, debe haber más de lo que pueden ver nuestros ojos, debe haber más páginas, debe haber más salidas, debe haber más maneras y debe haber porque ¡la vida es mucho más que todo lo que podemos percibir hasta ahora! Así que no sientas que esto es todo lo que hay, por favor, no te acostumbres porque créeme, no está acabado, hay más, aún no llegamos.

MUJER:

Estas cansada de conocer hombres, de pasarla bien, de ilusionarte, de pensar que el último será el correcto y darte cuenta de que no, que es hora de terminar y volver a conocer a otro. Pues, escucha: No te canses, cada hombre que conoces, que amas, que dejas ir, es el hombre que te reinventa, del que renaces las veces que sea necesario y el que te prepara para el indicado. Continúa, no pierdas la paciencia.

Vuelve a lo que te hace feliz.
Vuelve a eso que tanto has pensado, pero te da miedo.
Te reto a que lo intentes otra vez y te arriesgues a ver el
resultado.
Que si te hace feliz no le debe importar a otros,
te debe importar a ti.

Vuelve a lo que te hace feliz,
por si has terminado relaciones y piensas que es el fin,
no lo es, es tu comienzo, aunque no lo veas así.

Vuelve a lo que te hace feliz y te llena de ganas para vivir,
no te limites más.
No escuches tu arrogancia, ni a tu ego, ni a tu orgullo,
escucha tu voz interior, la parte más profunda de tu ser que
te dice que para renacer es necesario volver a algunas cosas
que dejaste atrás.

Vuelve a lo que te hace feliz.
Vuelve a bailar, a cantar, a escribir,
vuelve a la playa, vuelve a hacer ejercicio,
vuelve a estudiar, vuelve a ese trabajo,
vuelve a ese sitio, vuelve a casa, vuelve con alguien
y vuelve con ganas de no renunciar otra vez.

Vuelve, aunque no te sientas capaz,
aunque sientas que has perdido la oportunidad.
Algunas cosas no vuelven es cierto, pero aun así debes

intentarlo y solo debes intentarlo porque te hacen feliz.

Entonces vuelve a ello,
a todo lo que quieras,
te pertenezca
y no le dejes ir
nunca más.

Querida persona correcta:

No me importa cuántas personas me tome llegar a ti,
pero *llegare.*

ACERCA DEL AUTOR

¿Quién soy? Soy todo lo que has leído en este libro. A los 12 años me enamoré por primera vez y escribo desde entonces. En cada letra sano un poco más. Siempre termino narrando la vida desde mis pestañas, aunque no siempre sea verdad. Nunca estudie literatura porque creo que la vida fue mi mejor escuela. Pienso que el arte de escribir es para seres libres que desean expresarse, no hay regla. Sigo mis instintos. Me gusta ser y no aparentar. No añoro la estabilidad. Encuentro la belleza en lo imperfecto y la resiliencia en lo roto. Necesito sentirme libre. Creo que el animal más peligroso del mundo es el ser humano. Si algún día me ves bailando, no intentes detenerme. Me gusta amar, respirar lento, las fogatas, el silencio y los atardeceres. Tengo necesidad de crear y siempre voy contra la corriente. Estoy en constante transformación, mudando de piel, creciendo. Lejos de etiquetarme, soy simplemente humana, imperfecta, viviendo, cuestionando, cometiendo errores, aprendiendo, existiendo, tratando de dejar una huella más consciente en mi camino, añorando más empatía en un mundo tan artificial.

Made in the USA
Columbia, SC
24 April 2024

34590865R00188